Dorothea Katharina Schmidt

PAPER BASKETS

Körbe, Accessoires
und **Deko-Ideen**
aus **Altpapier**

CV

Inhalt

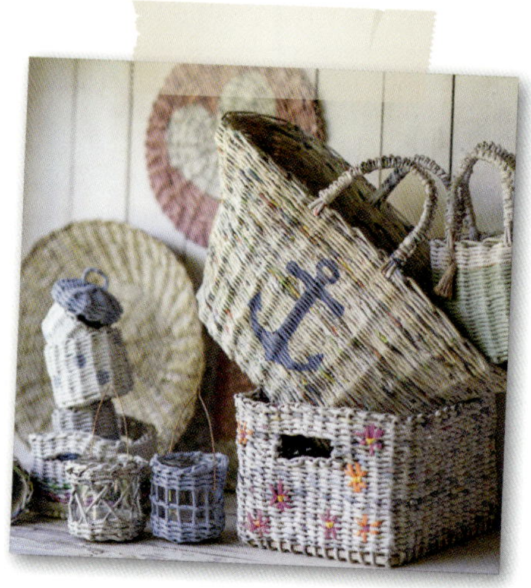

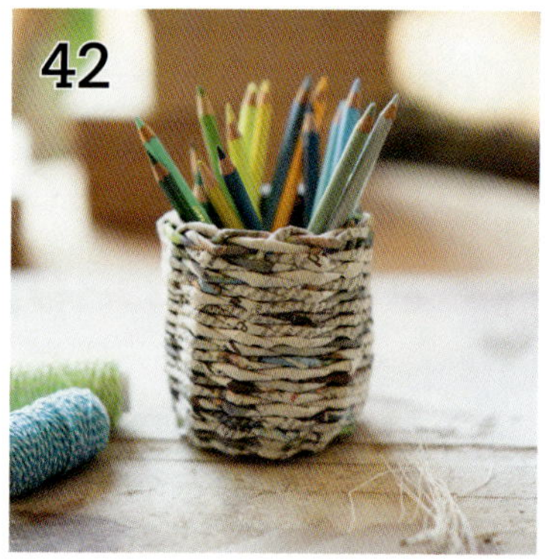

Basic-Körbchen – das erste Projekt

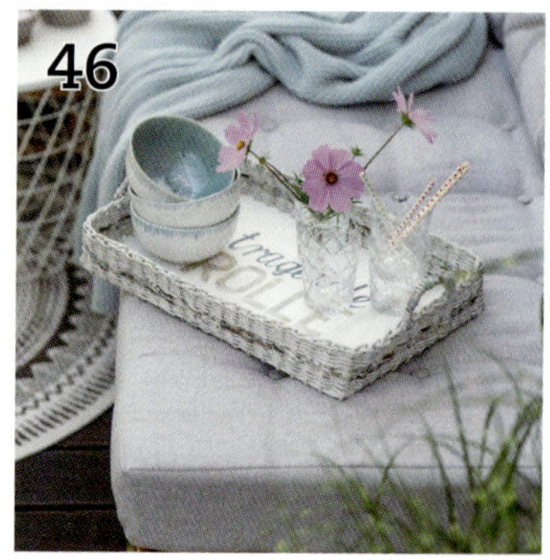

Tragende Rolle – ein Tablett

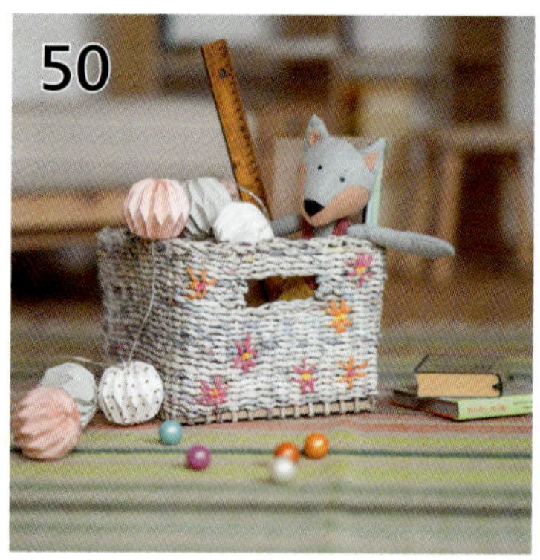

Eine blumige Regalbox

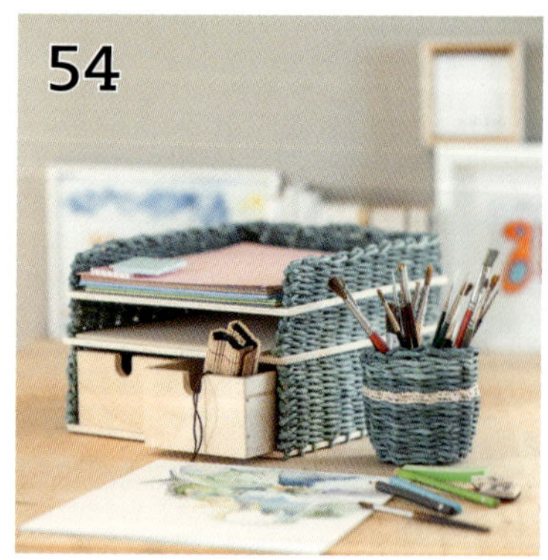

Ordnung auf dem Schreibtisch

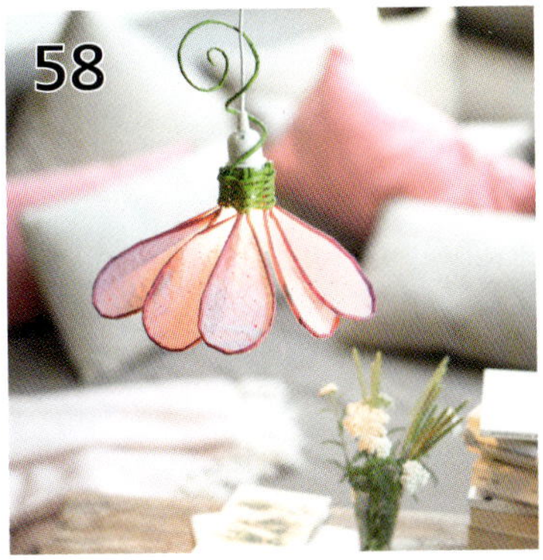

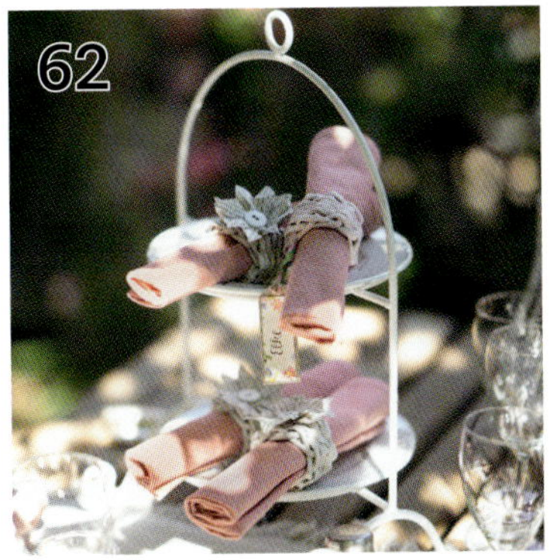

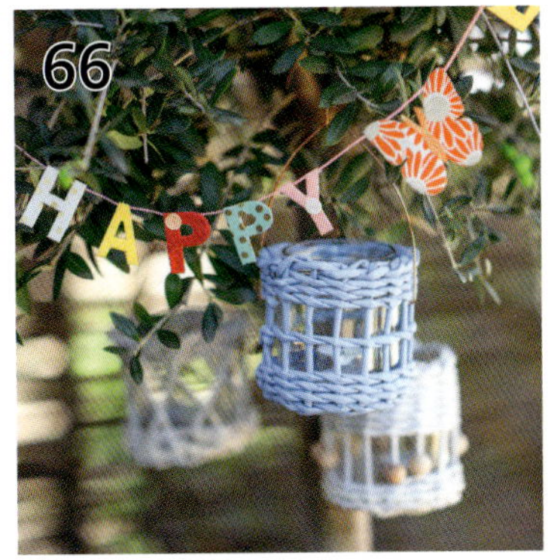

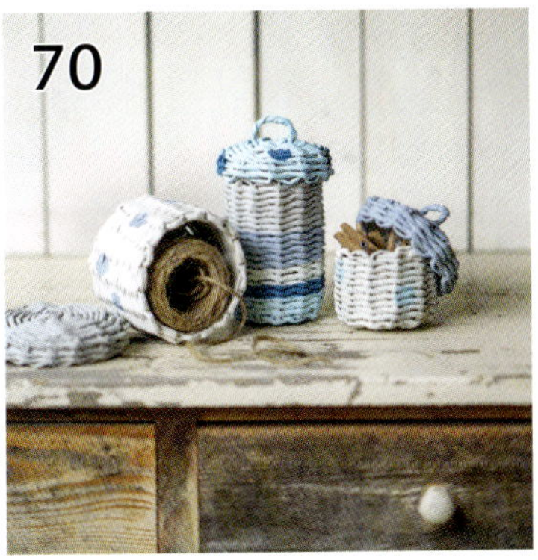

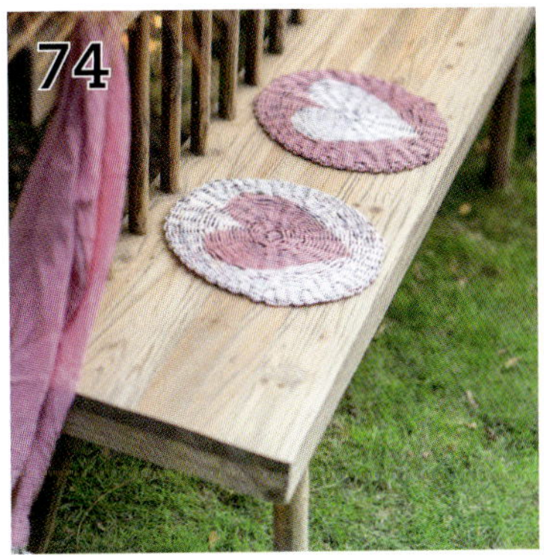

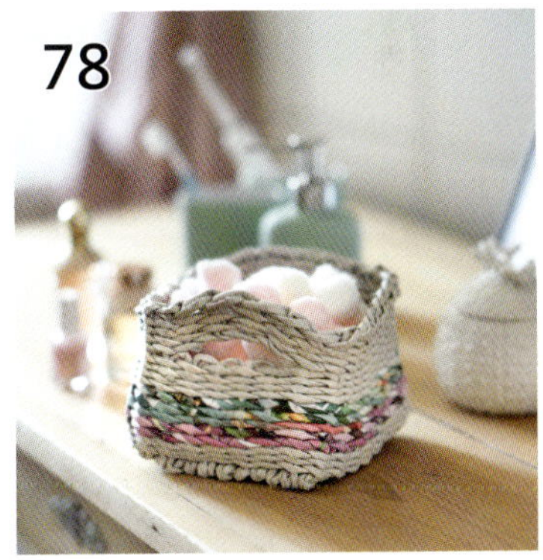

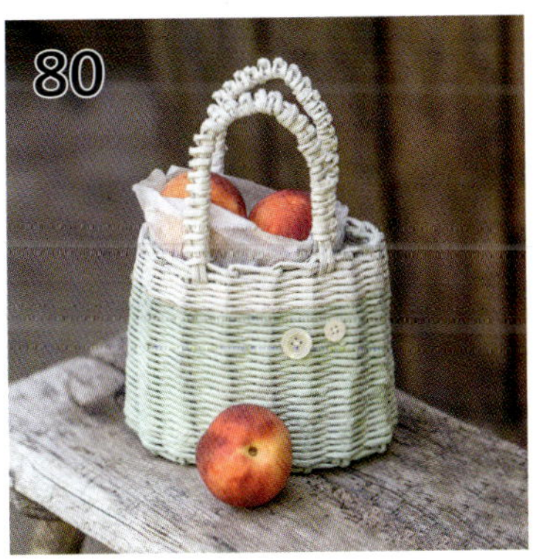

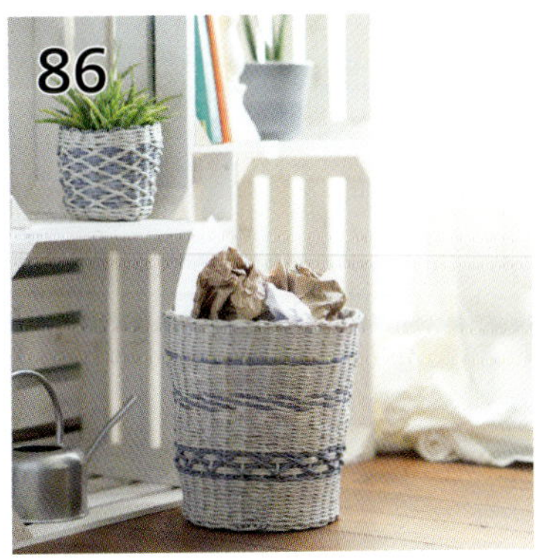

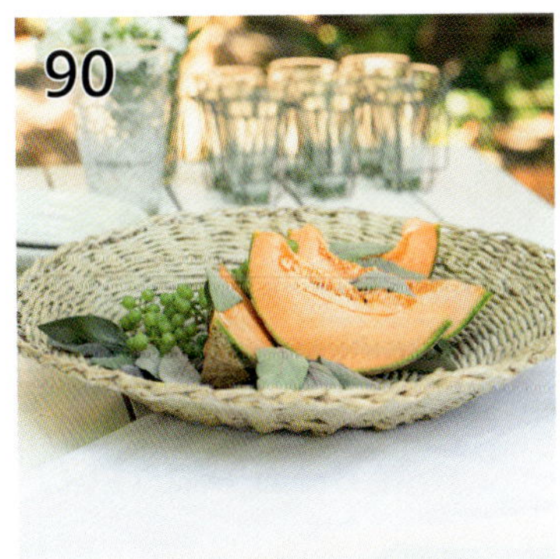

Herzlich willkommen!

Ich freue mich, dass du dich für selbst gemachte Körbe aus Papier interessierst und dieses Buch aufgeschlagen hast!

Auch wenn du noch nie einen Korb geflochten hast, bist du hier genau richtig. Ich erkläre dir die Technik des Papierflechtens von Grund auf – du brauchst keinerlei Vorkenntnisse. Als ich anfing, Papierkörbe zu flechten, hatte ich niemanden, der es mir gezeigt hat. Daher brauchte ich einige Anläufe, bis ich mit dem Ergebnis zufrieden war. Ich weiß, welche Fehler gerade am Anfang schnell passieren. Mit meinen Anleitungen kann schon dein erstes Projekt ein Erfolg werden.

Vielleicht hast du bereits Körbe aus Weide oder Peddigrohr geflochten und du kennst dich mit den Flechttechniken, Randabschlüssen und Korbböden aus. Auch dann ist dieses Buch das Richtige für dich, weil es jede Menge Tricks und Tipps enthält, die speziell für das Korbflechten mit Papier interessant sind. Zudem wird du, was die farblichen Gestaltungsmöglichkeiten angeht, hier wahrscheinlich einiges erfahren, was dir neu ist.

Als ich die Körbe für dieses Buch zu Hause gestaltete, stellte ich mir manchmal vor, ich säße mit all denjenigen an einem langen Tisch, die anhand meines Buches Papier flechten werden. Ich hatte eine lange, sonnenbeschienene Tafel vor Augen, viele Kaffee- und Teetassen, Kekse, Lachen und Stimmengewirr, Zeitungspapierstapel, Klebestifte und jede Menge verschiedenster Papierobjekte. Eine wunderbare Vorstellung! Ich lade dich ein: Setz dich zu mir an den imaginären Tisch und fang an, Papierkörbe zu flechten. Es macht unglaublich viel Spaß!

Herzlichst,

Dorothea

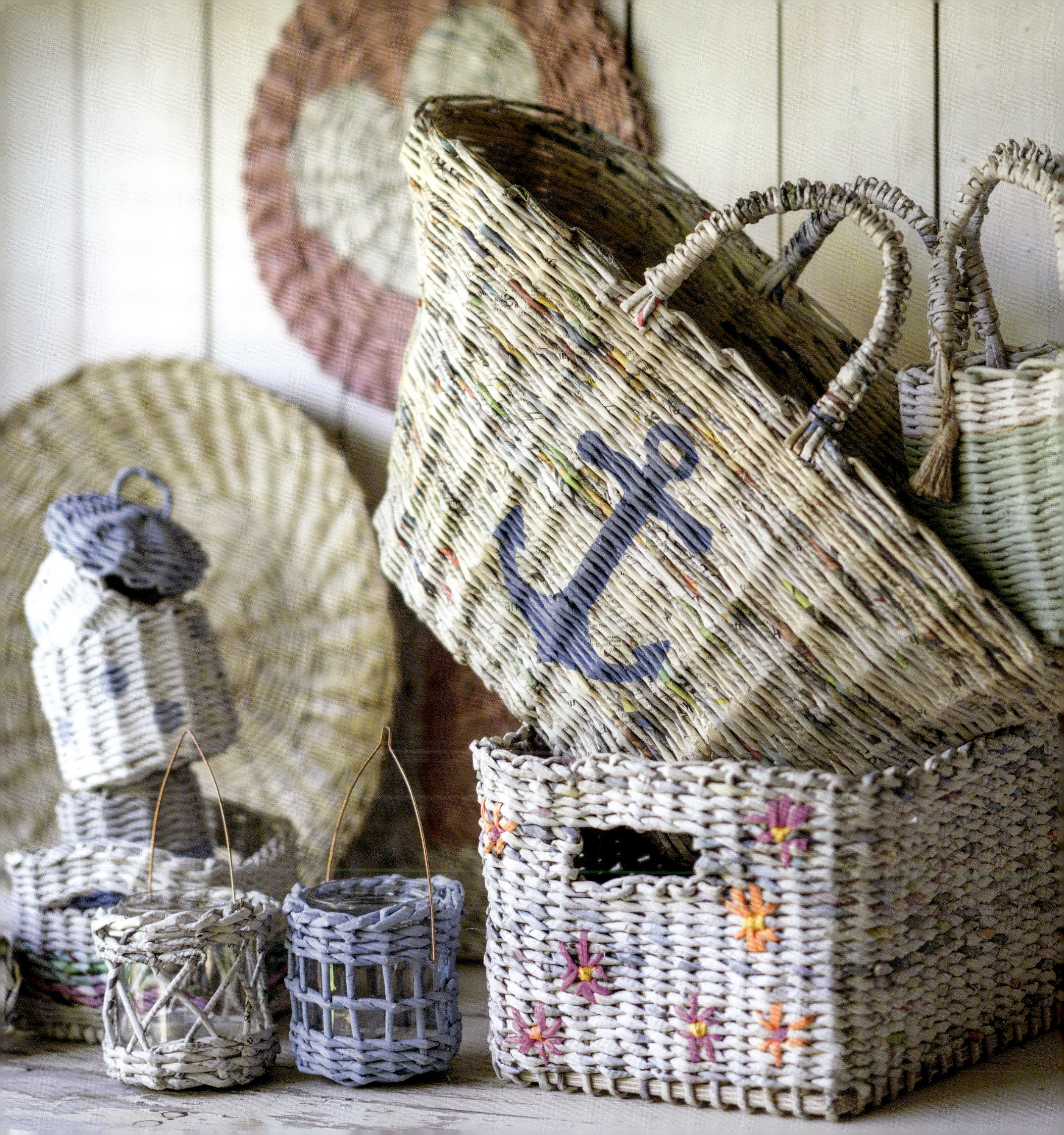

Die Grundtechniken

Das einfache Prinzip des Korbflechtens mit Papier:
Um Papierstangen herzustellen, schneidet man Papier in Streifen, rollt dieses auf einen dünnen Stab und fixiert die so entstandene Rolle mit etwas Klebestift. Die Papierstangen sind gleichzeitig biegsam sowie stabil und können endlos ineinandergesteckt werden – das perfekte Material, um Körbe zu flechten.

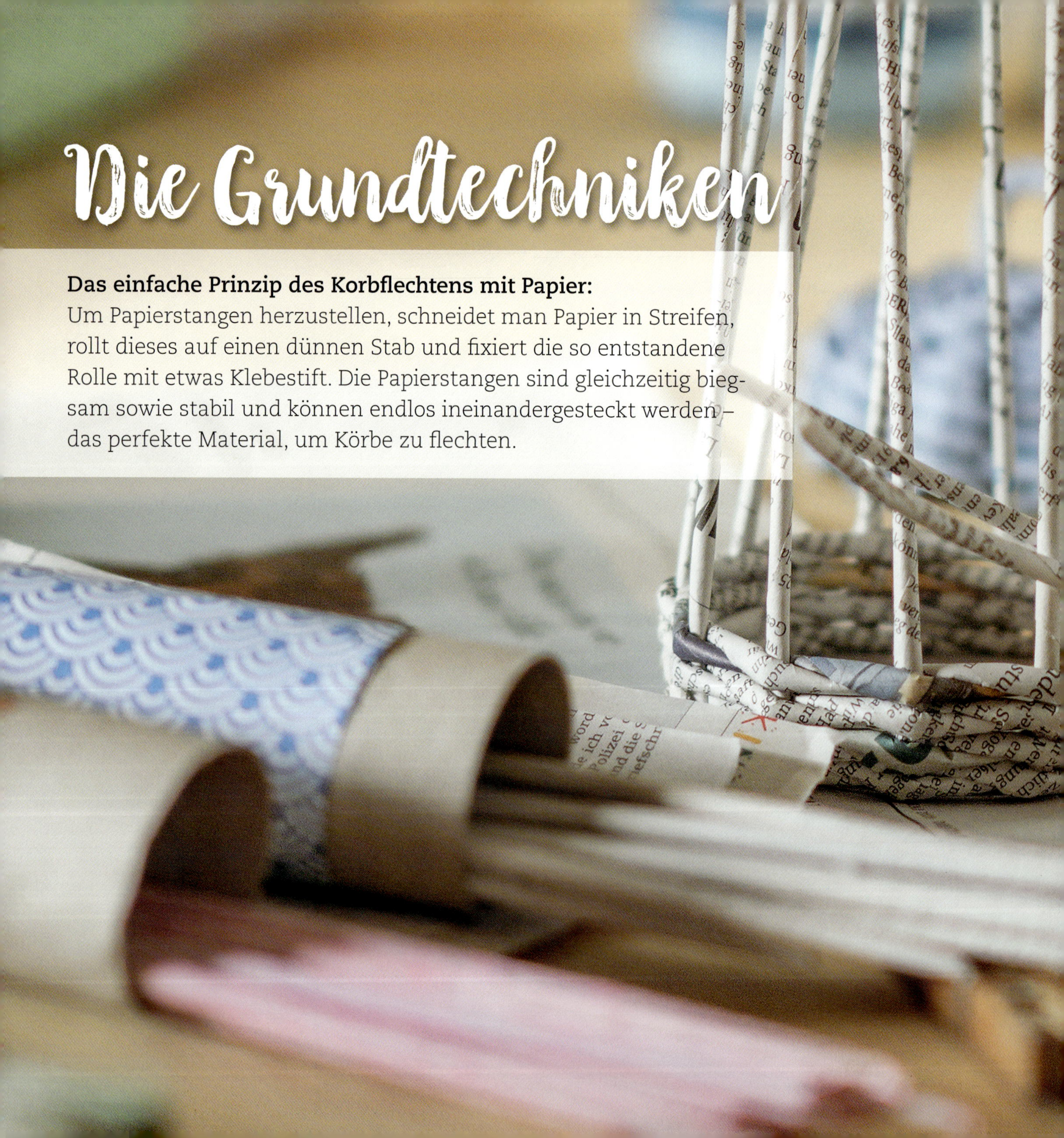

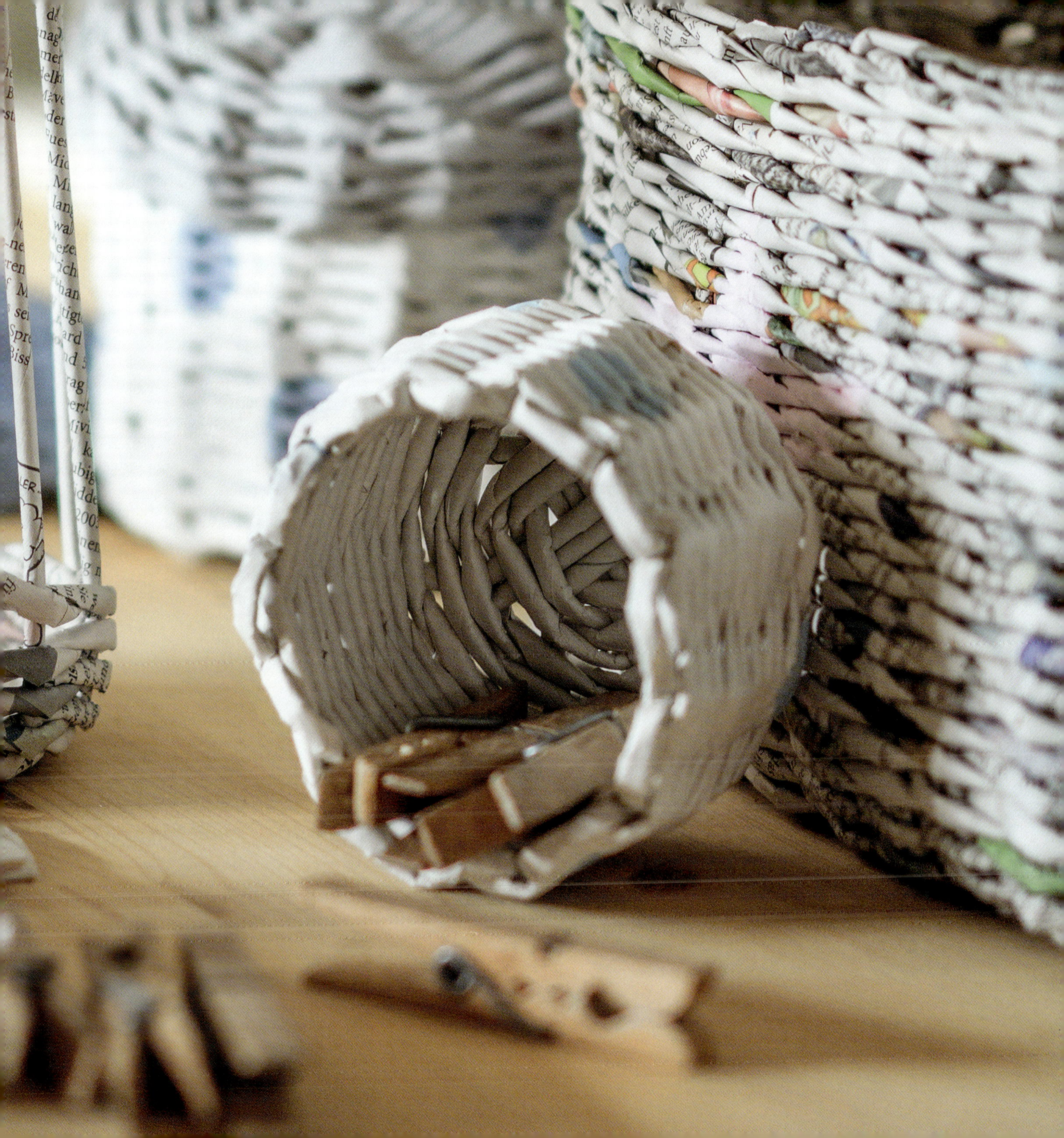

1. Das Material

1.1 Zeitung

Normale Zeitungen eignen sich gut für das Korbflechten, weil die großen Papierbögen sehr lange Rollen ergeben. Außerdem sind Rollen aus Zeitungspapier besonders weich, angenehm in der Haptik und leicht zu verarbeiten. Zeitungen haben eine gleichmäßige Papierdicke und -qualität – das ist von Vorteil, wenn man eine große Menge gleichmäßiger Stangen fürs Flechten herstellen möchte. Zudem lässt sich Geflecht aus Zeitungspapier gut bemalen.

Fertige, unbemalte Geflechte aus Zeitungspapier erscheinen in den meisten Fällen grau-weiß, zum Teil sieht man einige bunten Farbmelierungen (Abb. 1). Sollte dir das nicht gefallen, kannst du auch ganz weiße Stangen aus Zeitungspapier herstellen. Du kannst die Farbe der Papierstangen beim Rollen beeinflussen (siehe S. 34).

1

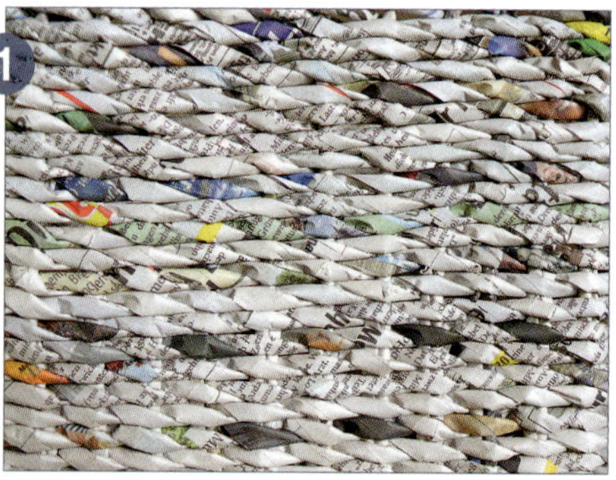

1.2 Zeitschriften

Für das Korbflechten eignen sich am besten Zeitschriften mit Klammerheftung – nach dem Entfernen der Klammern erhält man einen Stapel aus meist etwa DIN-A3-großen Blättern, die sich zu recht langen Rollen verarbeiten lassen. Die Papierqualität von Zeitschriften kann sehr unterschiedlich sein – sie reicht von dickem, glanzbeschichtetem Papier bis hin zu durchscheinendem, dünnem Papier von sehr schlechter Qualität. Generell ist sehr dickes Papier schlechter zu verarbeiten als dünneres Papier. Die Rollen daraus können so steif sein, dass sie beim Verarbeiten brechen.

Wer eine Flechtarbeit aus Zeitschriften herstellen möchte, sollte sich genügend Zeitschriften in ähnlicher oder gleicher Papierqualität bereitlegen. Kombiniert man beim Flechten nämlich weiche, biegsame Rollen aus billigen Fernsehzeitschriften mit harten, glänzenden Rollen aus einem Hochglanzmagazin, so führt das zu einem ungleichmäßigen und unbefriedigenden Ergebnis.

Insgesamt ist das Erscheinungsbild von Körben aus Zeitschriften etwas bunter als bei solchen aus Zeitung (Abb. 2).

1.3 Werbeprospekte

Werbeprospekte aus der Tages- oder Wochenzeitung haben zwei Besonderheiten: Zum einen sind sie manchmal sehr groß und ermöglichen dadurch das Herstellen besonders langer Rollen. Zum anderen sind diese Prospekte oft bis zu den Rändern knallbunt, was dem fertigen Papiergeflecht ein schönes farbenfrohes Aussehen gibt. Ansonsten gilt hier das Gleiche wie bei Zeitschriften.

1.4 Arbeitsmaterial und Hilfsmittel

- Ein dünner Metall-Schaschlikspieß (oder eine Stricknadel o. ä.)
- Klebestift

2

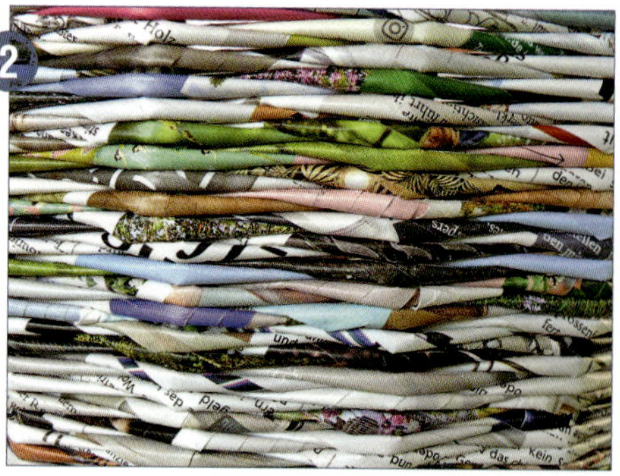

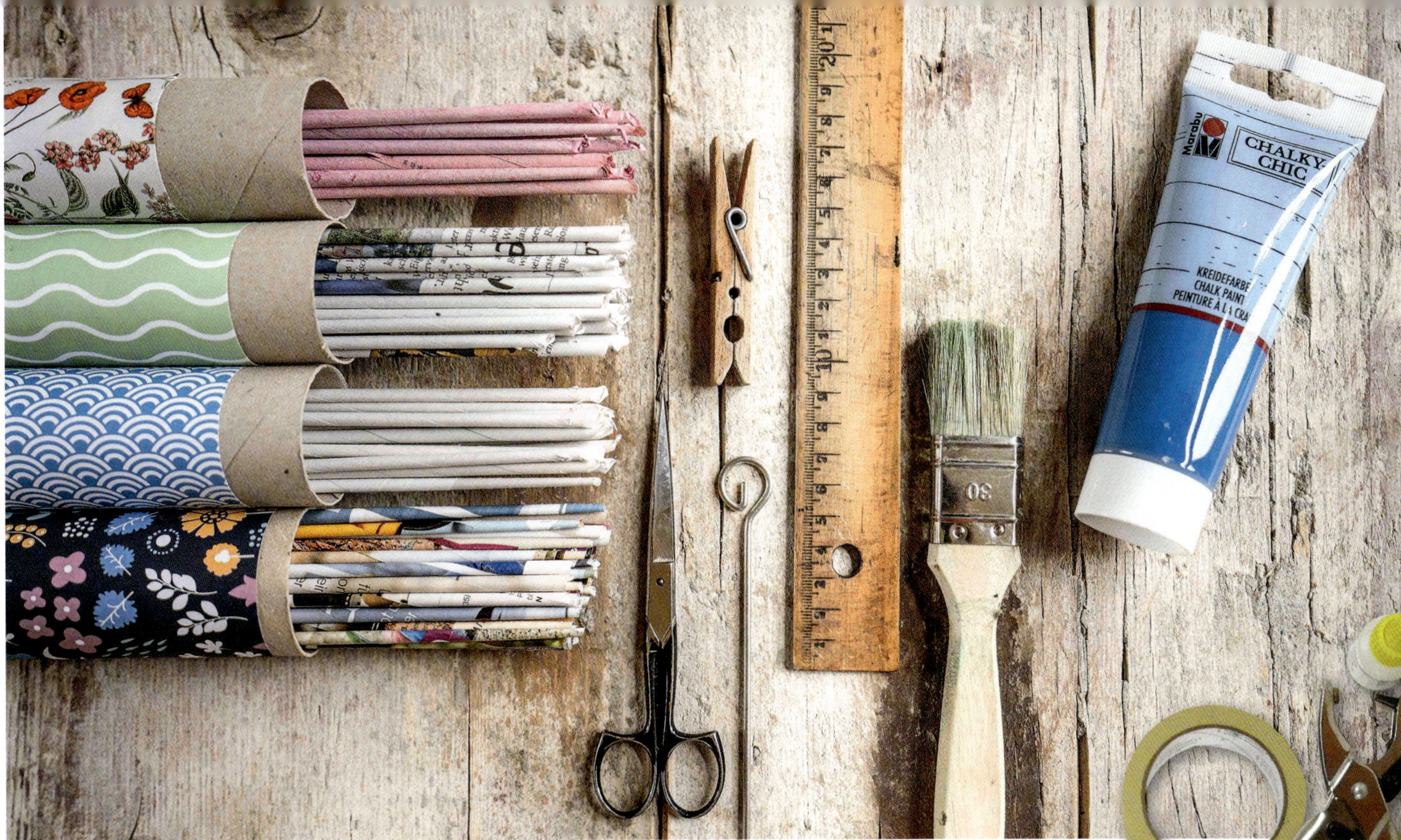

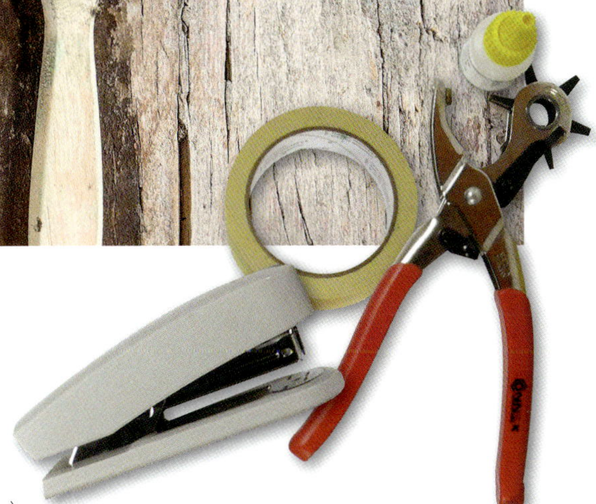

- Schere
- Altpapier
- Ein Papp- oder Holzboden für den Korb in der gewünschten Größe, wenn du den Korbboden nicht flechten möchtest
- Farbe, Lack oder Lasur (und entsprechendes Werkzeug, um die Farben aufzutragen, siehe S. 34)
- Eine Lochzange oder ein Locher (bei Holzböden eine Bohrmaschine), um den Rand des Bodens zu lochen, alternativ ein Tacker, um die Staken am Pappboden zu fixieren
- Ein Lineal, um bei Zeitungen die Streifen auszumessen
- Ein schmaler, flacher Gegenstand (z. B. ein Messer, ein Brieföffner oder eine kleine Schere), um Papierstangen im Geflecht zu verankern (z. B. bei der Fertigstellung des Randes)
- Flüssig- oder Sekundenkleber, um in Notfällen etwas zu befestigen
- Blumendraht, um die Stangen an besonders beanspruchten Stellen zu stabilisieren oder um sie in Form bringen zu können
- Wäscheklammern, um kurzfristig etwas zu fixieren
- Malerkrepp, um etwas zu befestigen, z. B. bei der Herstellung eines Henkels

Mein Tipp

Wie du beim Herstellen der Rollen – sowohl aus Zeitungen als auch aus Zeitschriften oder Werbeprospekten – Einfluss auf die Farbgebung nehmen kannst, erfährst du auf S. 34.

2. Das Herstellen der Rollen

2.1 Technik

Zunächst wird eine größere Menge Papierstreifen benötigt. Alle Streifen sollten in etwa die gleiche Papierqualität und Breite haben – es kommt dabei aber nicht auf so große Genauigkeit an!

Zeitschriften werden in der Mitte aufgeschlagen und Klammerheftungen entfernt. Bei dünnem Papier reicht es, die Blätter einmal quer mittig durchzuschneiden (Abb. 1).
Bei dickem, glanzbeschichtetem Papier würden die Rollen zu steif werden, wenn man die Blätter nur einmal mittig teilt. Schneide den Blattstapel quer in drei etwa gleich breite Streifen.

Zeitungen werden längs in Streifen geschnitten. Eine Breite von ca. 13–15 cm ergibt perfekte Rollen. Bei vielen Tageszeitungen erhält man 14 cm breite Streifen, wenn man sie in fünf Abschnitte unterteilt (Abb. 2). Natürlich braucht man sie zum Zerschneiden nicht aufzuschlagen (Abb. 3). Finde für deine Zeitungen die effektivste Art, um Streifen zu gewinnen.

PRAXISTIPP: Bei der Herstellung von Papier richten sich die einzelnen Papierfasern in eine bestimmte Richtung aus. Das führt dazu, dass das Papier oft ein unterschiedliches Verhalten beim Rollen zeigt, je nachdem, ob man die Streifen längs oder quer von der Zeitung abgeschnitten hat. Rolle am besten immer einen „Teststreifen", um herauszufinden, wie sich das Papier am besten eignet. Es gibt auch Papier, das sich grundsätzlich wellt oder Falten wirft – halte dich damit nicht lange auf, nimm einfach anderes.

So stellst du die Papierstangen her
Lege einen Papierstreifen quer vor dich an die Tischkante. Rolle den Streifen von der linken unteren Ecke her schräg und stramm auf einen Schaschlikspieß, während du die entstehende Papierstange leicht auf die Unterlage drückst. Achte darauf, dass du den Spieß nahezu parallel zu der unteren Kante des Streifens anlegst (Abb. 4) – beim Aufrollen wird der Winkel automatisch etwas größer. Damit sich das verdickte Ende des Spießes mitdrehen kann, lasse es ein wenig über die Tischkante hinausragen (Abb. 5). Ziehe den Spieß nach Bedarf immer ein Stückchen weiter heraus (Abb. 6). Bestreiche die letzte Ecke des Papiers mit etwas Kleber, bevor du es komplett zusammenrollst (Abb. 7). Spieß herausziehen, fertig!

Lass dich nicht entmutigen, wenn das nicht sofort wie am Fließband klappt – wenn du erst einmal ein bisschen geübt hast, bekommst du den Dreh ganz bestimmt heraus!

Wenn du die fertige Rolle genau betrachtest, wirst du feststellen, dass sie ein spitzes und ein trichterförmiges Ende hat (Abb. 8). Das spitze Ende einer Rolle lässt sich vorsichtig in das trichterförmige der nächsten Rolle stecken und eindrehen – so entsteht eine recht feste Verbindung zwischen zwei Stangen.

Wenn das Zusammenfügen der Papierstangen nicht gelingt

- Den Schaschlikspieß in das trichterförmige Ende der Papierstange stecken, um evtl. im Weg stehendes Papier zur Seite zu schieben.
- Das spitze Ende der anderen Stange einmal längst falten (so wird es noch spitzer).
- Falls auch das nicht hilft: Das spitze Ende noch spitzer zuschneiden.

Sollte es immer noch nicht klappen: Die Enden diesmal übereinanderlegen und weiterflechten – die nächste Flechtrunde fixiert die Stelle.

Hinweis

Beim Herstellen der Rollen und auch beim Flechten mit Papier werden deine Hände nicht sauber bleiben – die Druckfarben vom Papier färben die Fingerspitzen grau bis schwarz. Keine Sorge: Diese Farben sind gesundheitlich unbedenklich und können rückstandslos mit Wasser und Seife wieder abgewaschen werden.

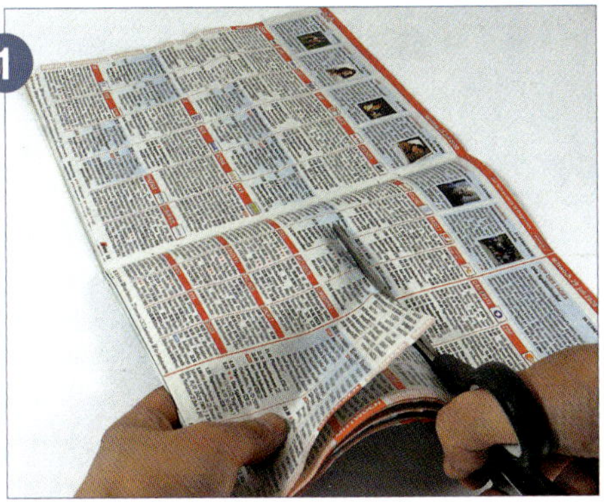

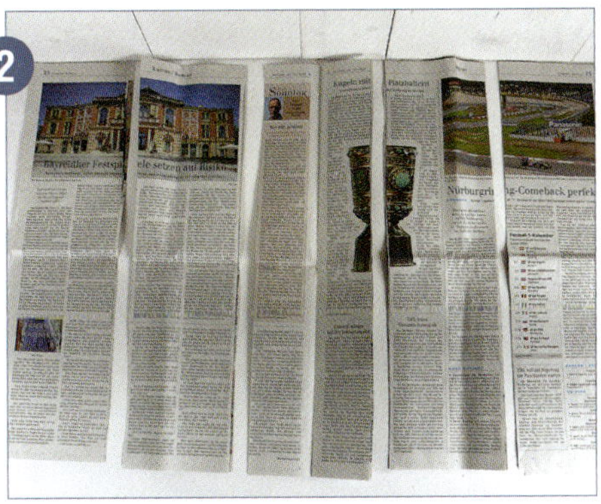

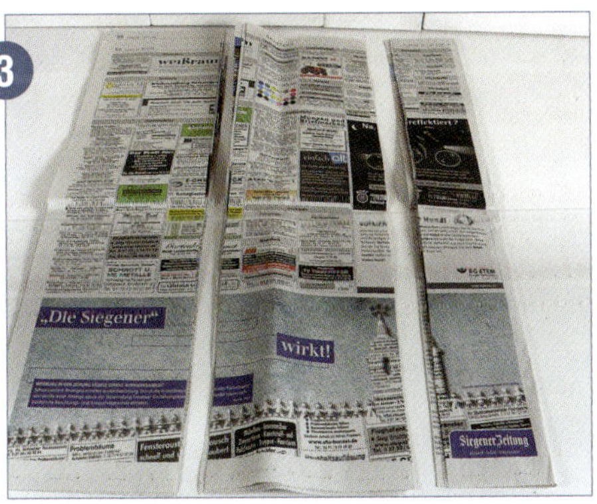

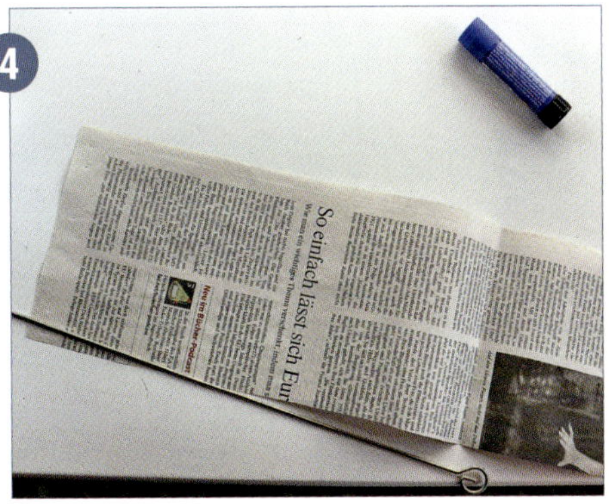

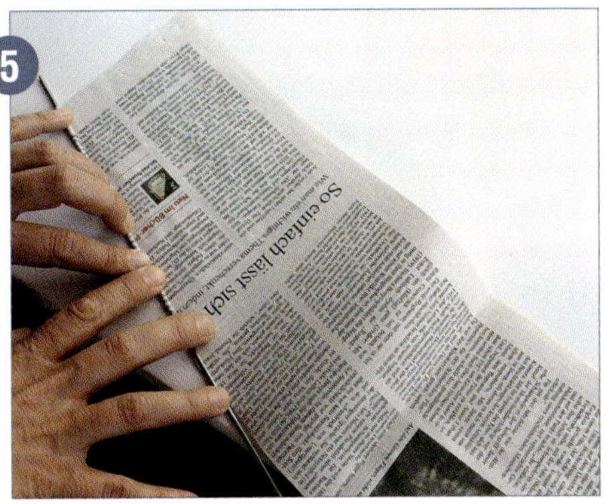

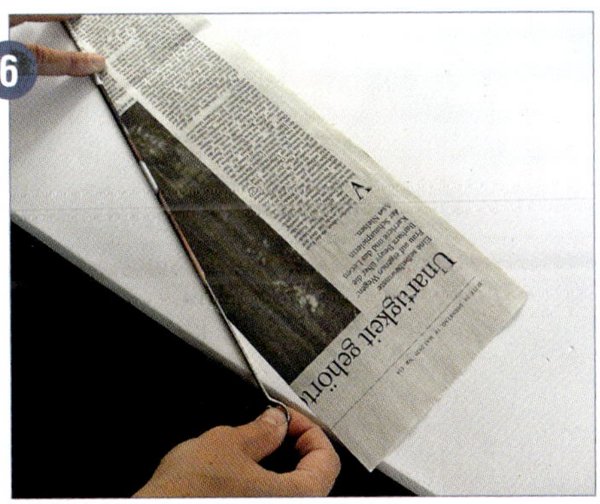

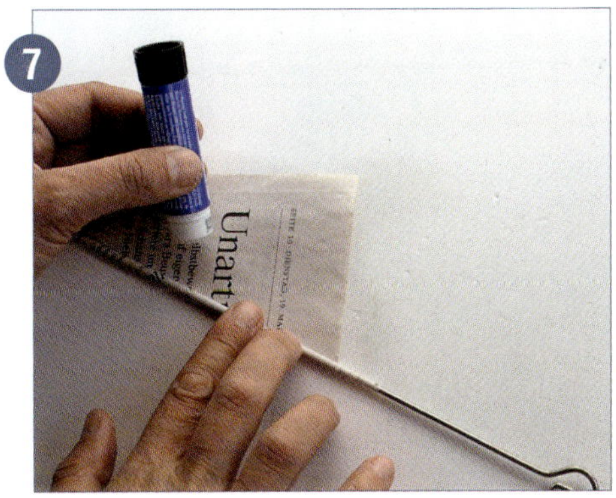

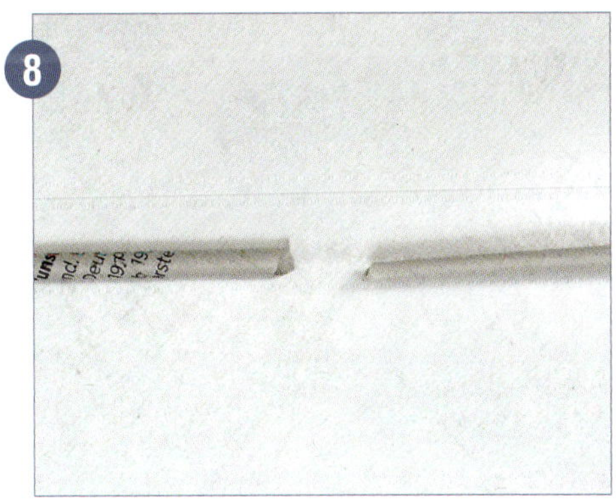

9

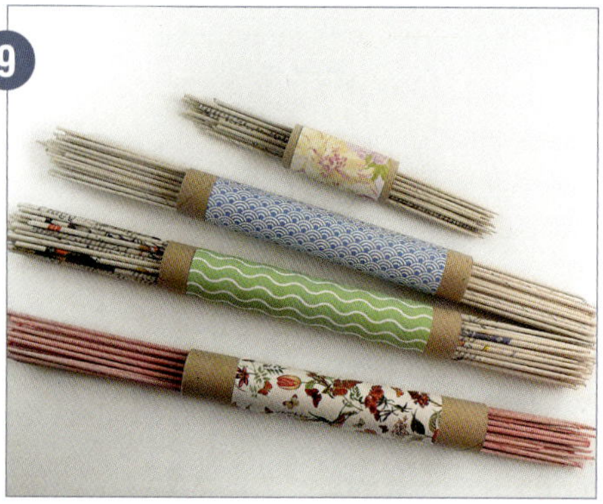

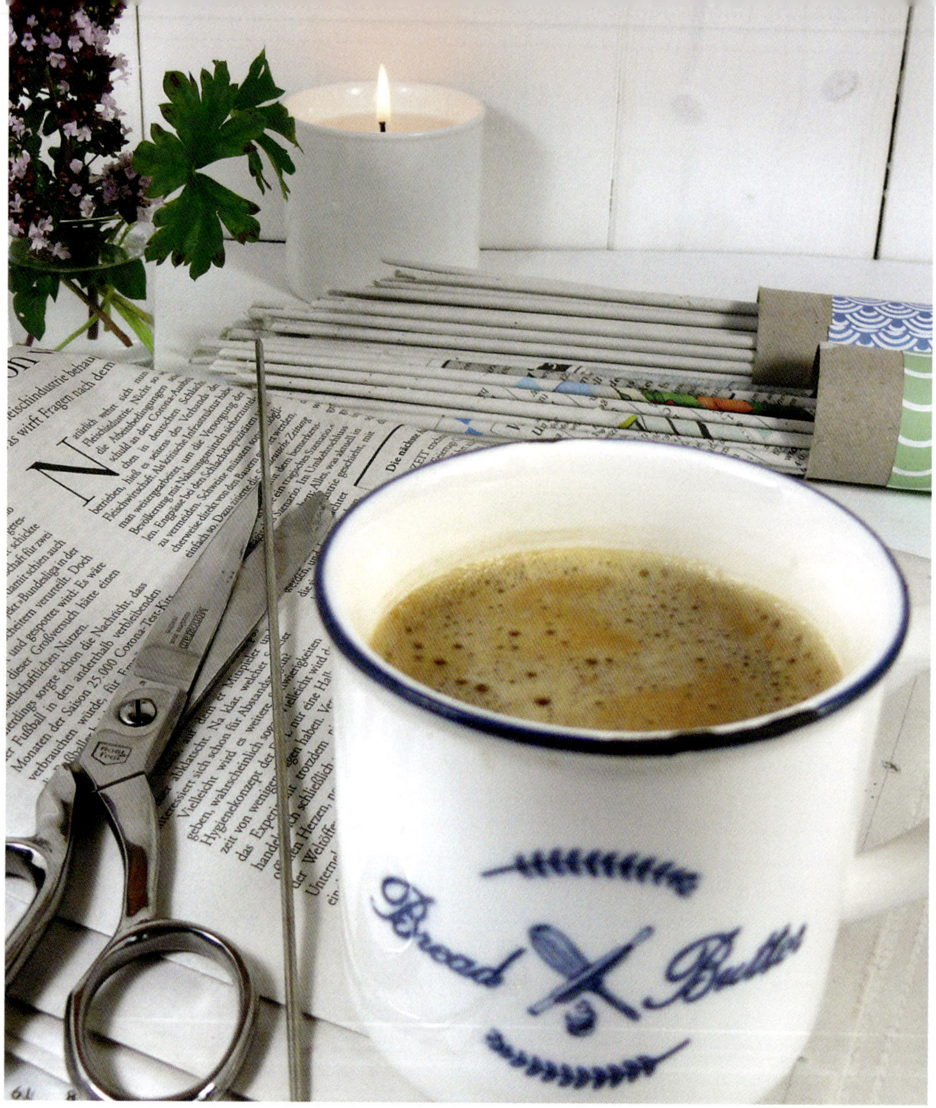

10

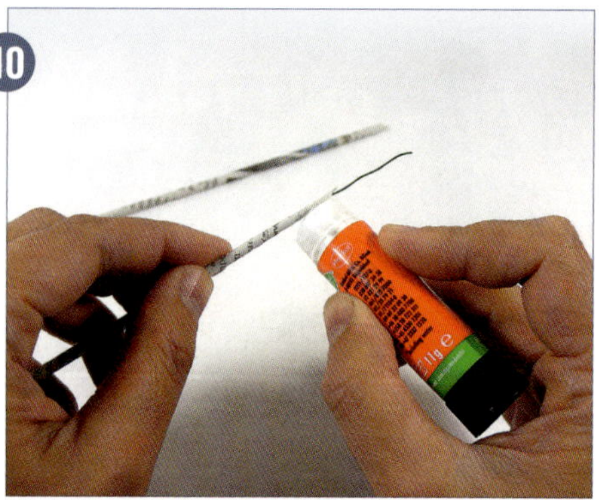

11

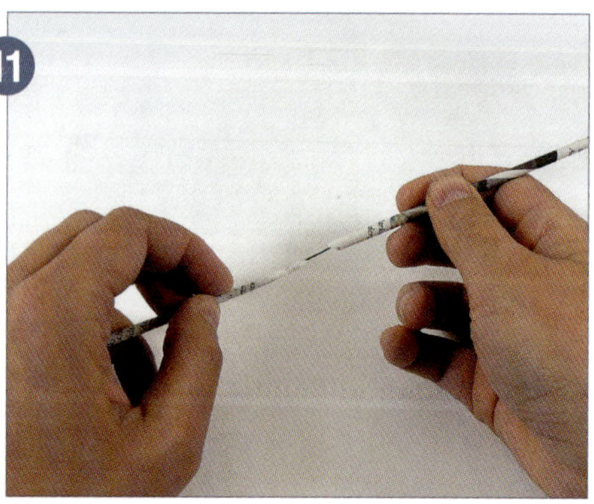

12

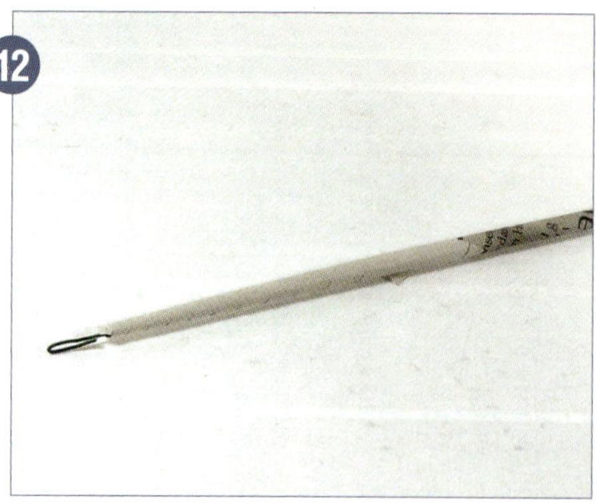

13

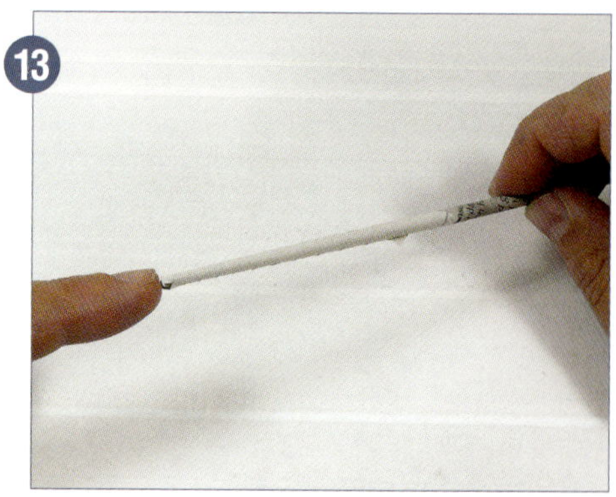

Mein Tipp

Ich sammle die fertigen Papierstangen gern in leeren Toiletten- oder Küchenpapierrollen – so kann ich sie gleich nach Farben sortieren, leicht aufbewahren und transportieren. Gleichzeitig habe ich einen ungefähren Überblick, wie viele Rollen ich habe, denn in die meisten Papprohre passen etwa 70 Stück (Abb. 9).

Grundsätzlich ist es wichtig, die Rollen so zu lagern, dass die Enden nicht verknicken. Wenn du darauf achtest, wirst du kaum Schwierigkeiten mit dem Aneinanderfügen der Stangen haben.

2.2 Zeitbedarf

Pro Rolle solltest du etwa eine knappe Minute einplanen (einschließlich Zuschneiden der Papierstreifen). In einer Stunde kann man ohne Probleme mehr als 60 Stück herstellen.

2.3 Verschiedene Längen

Für manche Projekte brauchst du kurze Papierstangen. In solch einem Fall schneidest du die Papierstreifen einfach auf die gewünschte Länge zu und stellst kurze Rollen her. Leider funktioniert es nicht gut, lange Stangen in kürzere Stücke zu schneiden. Da die Papierrollen immer nur an einer Stelle mit Kleber fixiert sind, löst sich das andere Ende auf, wenn ein Teil abgeschnitten wird.

Bei sehr großen Objekten brauchst du manchmal sehr lange Staken. Wenn du einfach zwei Rollen ineinandersteckst, weist das Geflecht Schwachstellen auf, denn die Verbindungsstelle ist oft ein wenig instabil. Kleber allein gibt nicht den nötigen Halt. Daher empfehle ich, ein kurzes Stück Blumendraht in das spitze Ende der einen Papierrolle zu schieben, die Anschlussstelle mit Kleber zu bestreichen und dann alles zusammen im trichterförmigen Ende der anderen Papierrolle zu fixieren (Abb. 10–11).

2.4 Verschiedene Dicken

Um die Ecke eines quadratischen Korbes zu stabilisieren, kann es sinnvoll sein, eine besonders dicke und feste Stake einzuflechten. Dafür verwendest du einfach breitere Streifen.
Manchmal benötigst du aber auch sehr dünne, flexible Stangen, zum Beispiel bei der Herstellung eines Korbgriffs. Stelle hierfür Papierrollen aus ca. 7 cm schmalen Streifen her.

2.5 Mit Draht stabilisieren

Um besonders stabile, aber trotzdem biegsame Rollen herzustellen, kannst du Blumendraht einsetzen: Der Draht wird sorgfältig glatt gebogen (du kannst ihn zum Beispiel über eine Tischkante ziehen oder zwischen den Fingernägeln durchziehen und so glätten) und dann von der trichterförmigen Seite durch die Stange geschoben. Damit das klappt, sollten besonders die ersten paar Zentimeter des Drahtes absolut gerade sein. Überstehender Draht wird nach dem Durchschieben abgeschnitten.
Die Enden des Drahts sollten zurückgebogen werden, damit man sich beim Flechten nicht daran verletzt. Das umgebogene Ende wird in die Rolle zurückgeschoben (Abb. 12–13).

PRAXISTIPP: Du glaubst vielleicht, dass du keine Zeit zum Herstellen von Papierstangen hast? Ich drehe Rollen, während ich telefoniere, einen Film schaue, meinen Morgenkaffee genieße oder während ich meine kleine Tochter bei den Hausaufgaben betreue. Und ganz nebenbei wächst der Röllchenstapel!

BEGRIFFSLEXIKON: *Die selbst hergestellten Stangen aus Papier bezeichne ich als „Stangen" oder „Rollen". Die Stangen, die dem Geflecht wie ein Knochengerüst Halt geben, heißen „Staken". Die Papierrollen, die um die Staken herumgeflochten werden, sind die „Flechtstränge"* (Abb. 14).

14

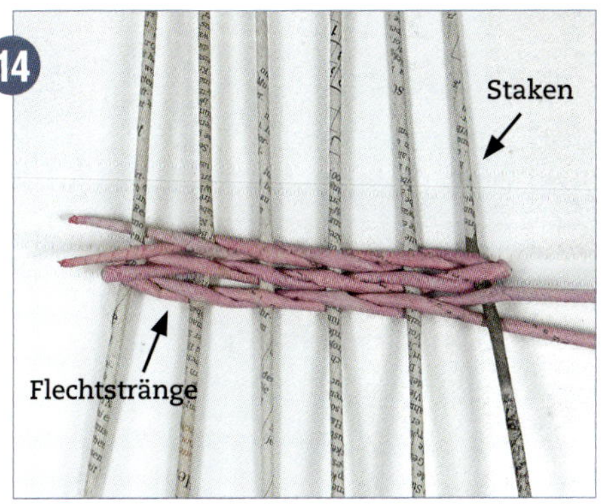

3. Die Flechttechniken

3.1 Das Flechten mit einem Strang

Das Prinzip ist einfach: Eine einzelne Papierrolle wird abwechselnd vor und hinter den Staken entlanggeführt (Abb. 1–2). Wichtig bei dieser Technik ist, dass die Anzahl der Staken ungerade ist, damit in der nächsten Reihe immer eine Gegenläufigkeit zur vorhergehenden entsteht. Das fertige Geflecht ist nicht ganz so stabil wie eines, das beim Flechten mit zwei Strängen entsteht.

3.2 Flechten mit zwei Strängen

Das Flechten mit zwei Strängen ist die wichtigste Methode beim Flechten mit Papier. Die beiden Stränge werden wie eine Kordel gleichmäßig um die Staken herum miteinander verdreht (Abb. 3). Es kann am Anfang leicht passieren, dass man ein sehr chaotisches Flechtbild erhält, wenn man sich nicht Folgendes klarmacht: Prinzipiell gibt es zwei Möglichkeiten, die beiden Flechtstränge jeweils um die nächste Stake herumzuführen und miteinander zu verkordeln (Abb. 4–5). Wenn man die Flechttechnik zwischendurch ändert, sieht das fertige Geflecht unregelmäßig aus. Legst du dich hingegen auf eine der beiden Möglichkeiten fest, so wird das Flechtergebnis von Anfang an schön gleichmäßig.

Probiere selbst aus, welche Fingerbewegungen und welche Richtung beim Flechten für dich am bequemsten sind. Ich beschreibe dir im Folgenden meine persönliche Lieblingstechnik.

Ich arbeite nach Möglichkeit immer von rechts nach links (im Uhrzeigersinn): Zwei Rollen werden in zwei benachbarte Zwischenräume geschoben, also rechts und links einer beliebigen Stake. Die langen Enden der Papierstangen befinden sich außen (Abb. 6). (Die nach innen überstehenden kurzen Enden können abgeschnitten werden, wenn das Geflecht fertig ist.)

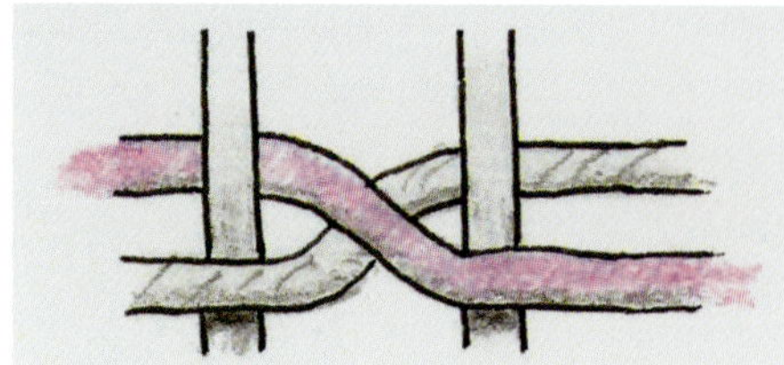

Flechtmöglichkeit 1: Illustration zu Abb. 4

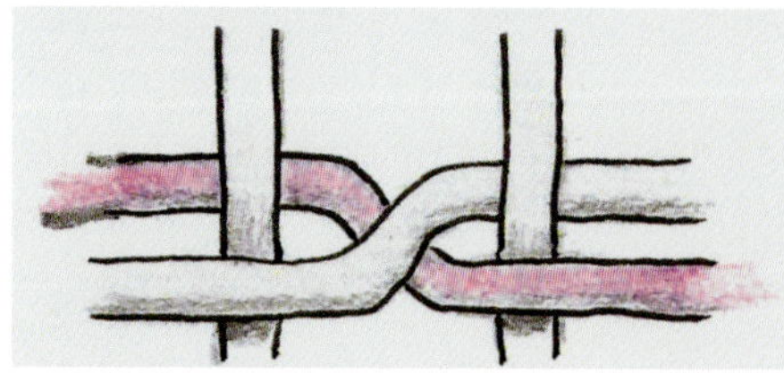

Flechtmöglichkeit 2: Illustration zu Abb. 5

Die rechte Hand fixiert die beiden Flechtstränge an der Stake (Abb. 8). Der Zeigefinger der rechten Hand schiebt jetzt den hinteren Flechtstrang

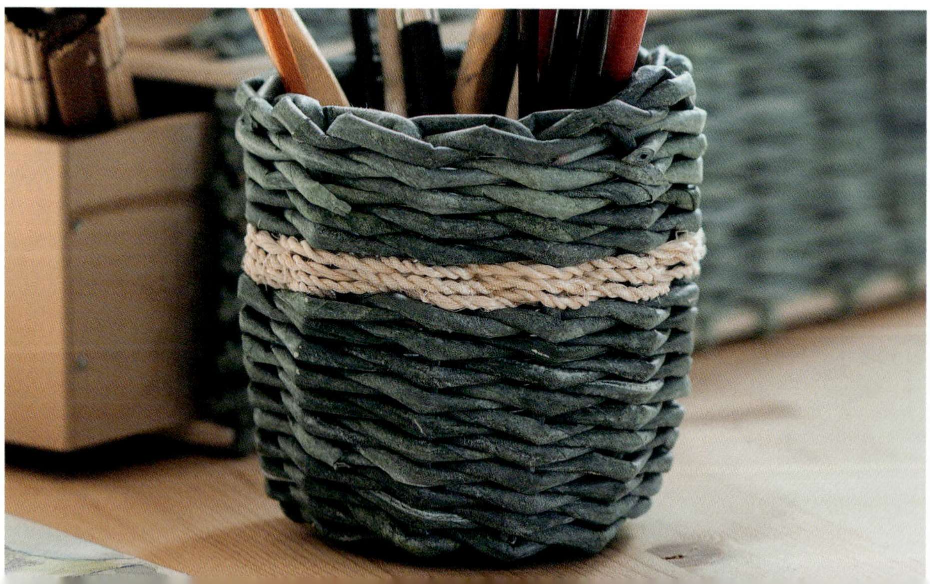

1

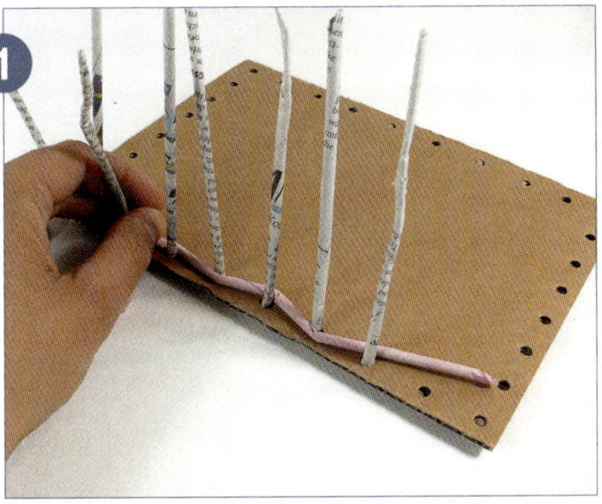

2

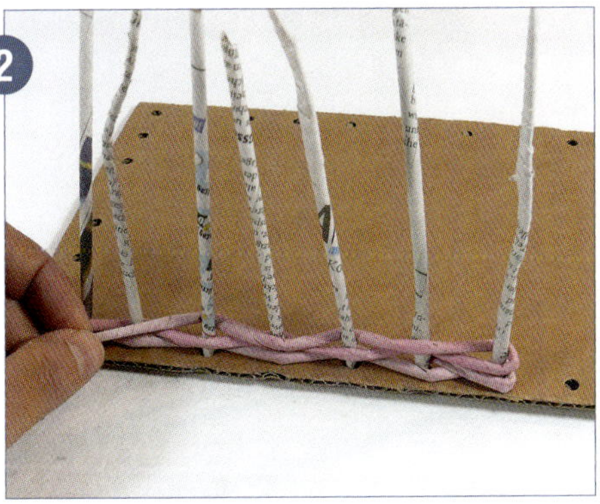

3

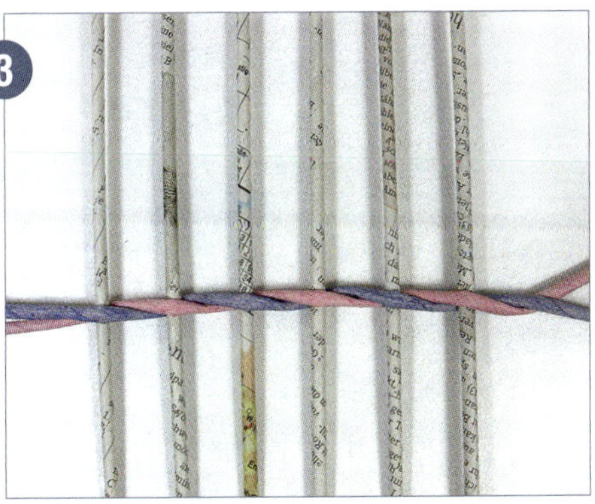

4

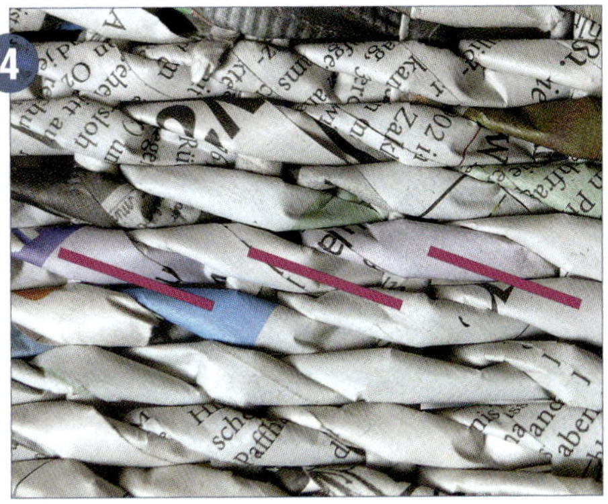

5

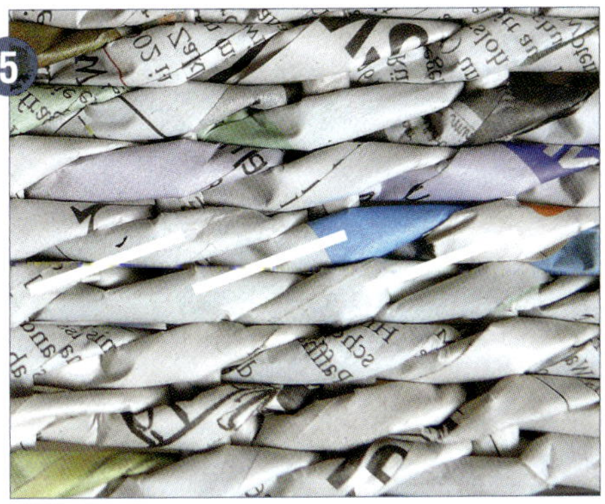

6

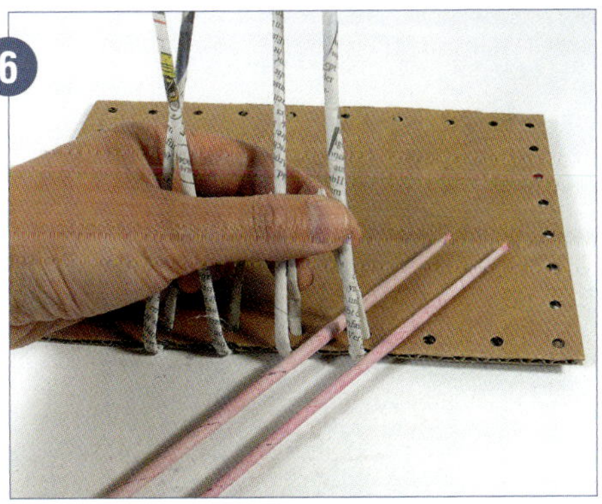

7

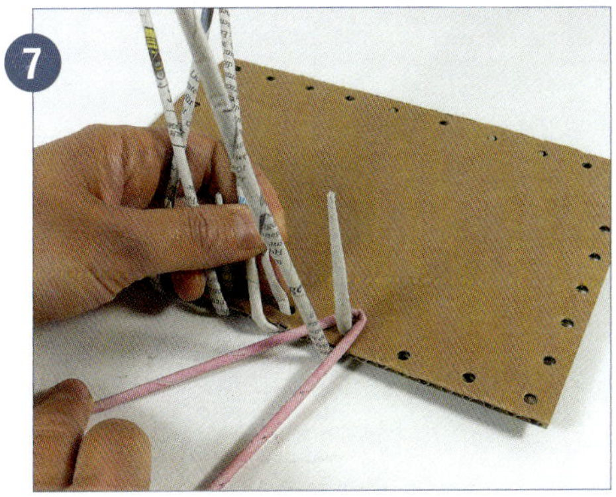

8

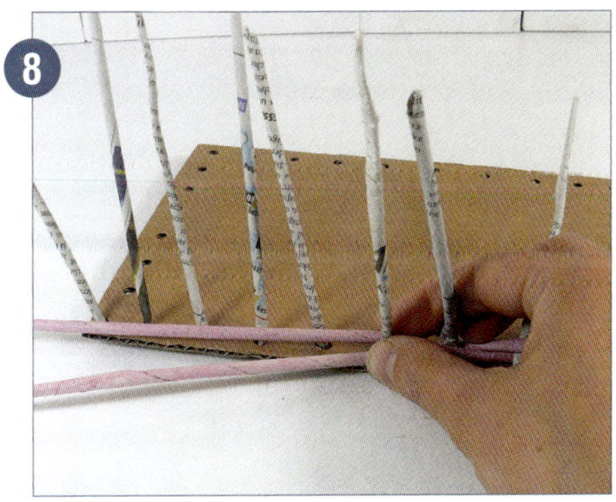

Mein Tipp

Du kannst eine Papierrolle mittig knicken und um die erste Stake herumlegen. Die beiden Enden dieser ersten Papierstange bilden dann die ersten beiden Flechtstränge. Dieser Anfang ist ein wenig dicker und auffälliger als der Anfang mit zwei Papierrollen, aber einfacher (Abb. 7).

nach vorne unten, der rechte Daumen den vorderen Flechtstrang nach hinten oben (Abb. 9).
Dies entspricht der Flechtmöglichkeit 1. Die rechte Hand macht dabei eine kleine Bewegung, wie beim Zuschrauben einer Flasche.
Die linke Hand biegt die links liegenden Staken zur Seite und platziert sie zwischen den beiden Flechtsträngen. Die Flechtstränge werden unten an der Stake festgedrückt (Abb. 10–11).
Dann wandert die rechte Hand eine Stake weiter nach links, die linke Hand fixiert währenddessen bei Bedarf die Flechtstränge. Der rechte Zeigefinger liegt jetzt wieder auf der hinteren Rolle, der Daumen auf der vorderen (Abb. 12).
Ab jetzt wird der komplette Vorgang kontinuierlich wiederholt. Wenn du diesen Bewegungsablauf gleich zu Anfang einübst und niemals abänderst, erhältst du schon bei deinem ersten Korb ein sehr schönes Flechtergebnis. Schiebe beim Arbeiten immer wieder die schon entstandene Korbwand kraftvoll nach unten. Achte darauf, dass du nicht zu stramm arbeitest und das Geflecht dabei zusammenziehst – es sei denn, du willst eine sich nach oben verengende Form erzeugen. Auch zu locker solltest du nicht arbeiten, weil der Korb sonst nach oben breiter wird.
Überprüfe während des Flechtens die Ausrichtung der Staken immer wieder: Wenn die Staken nach innen zeigen, kann dies ein Hinweis sein, dass du zu

9
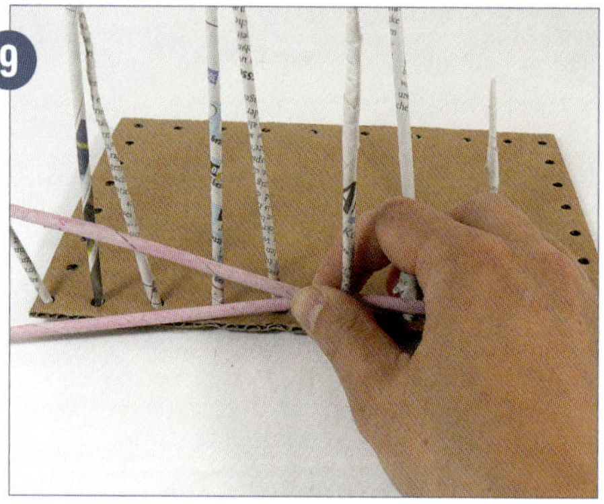

10
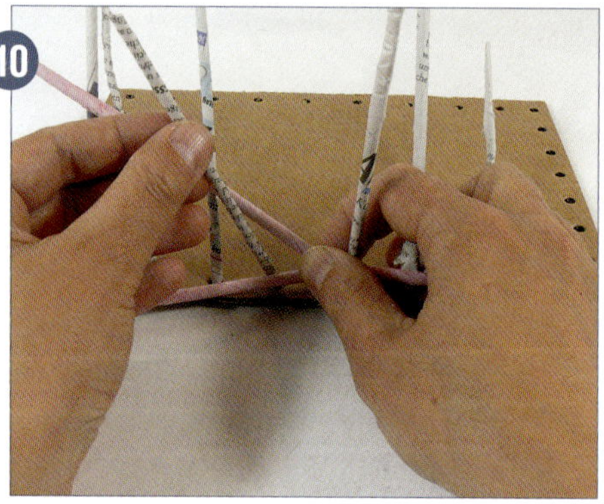

11
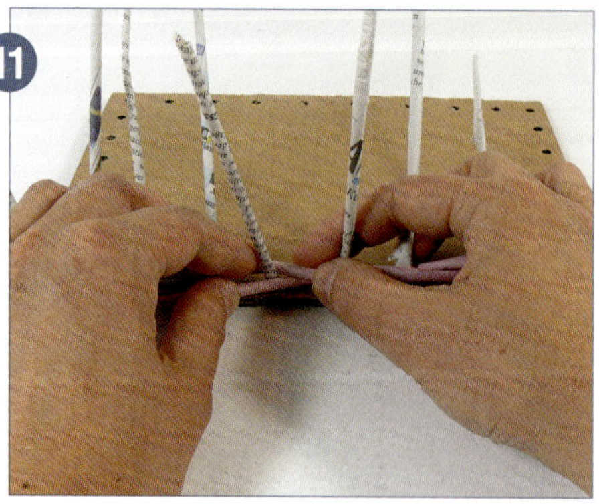

12
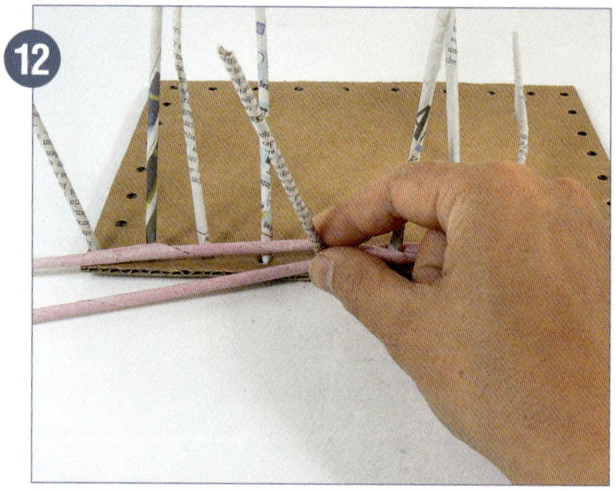

13
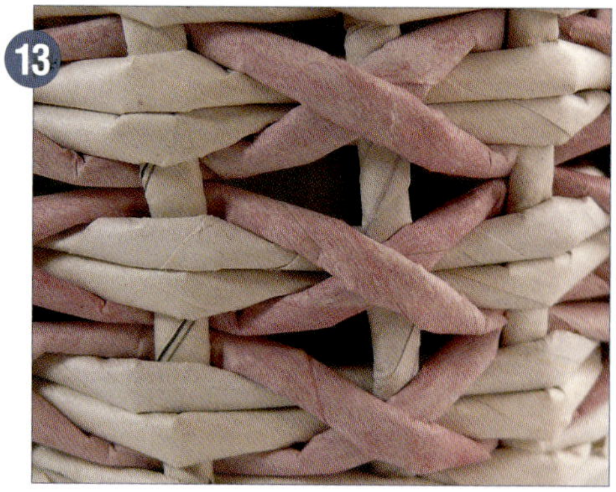

14
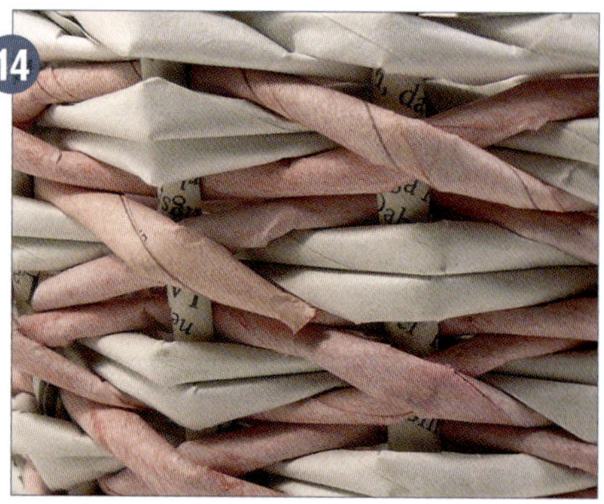

15

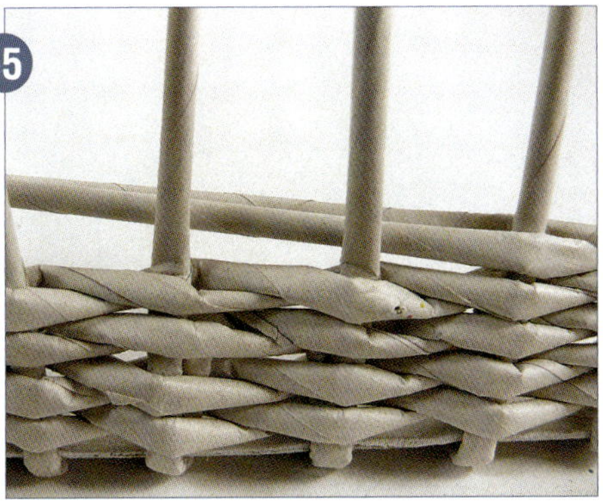

18

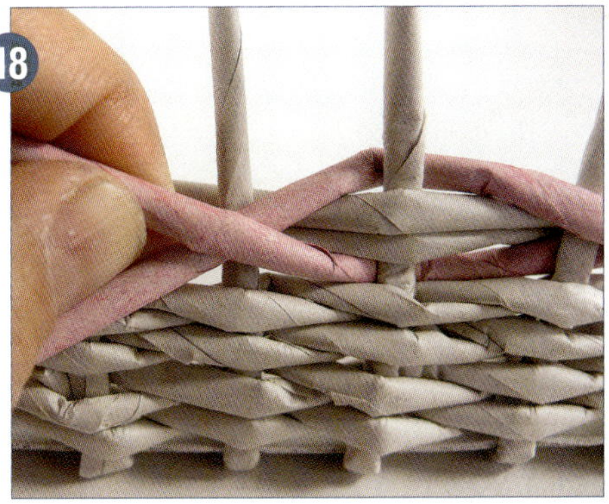

16

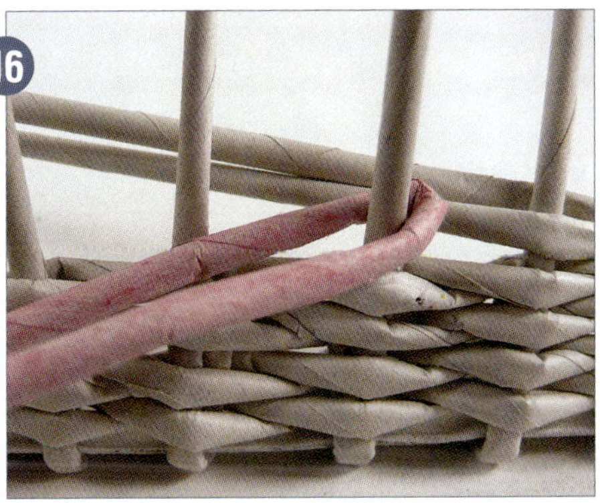

19

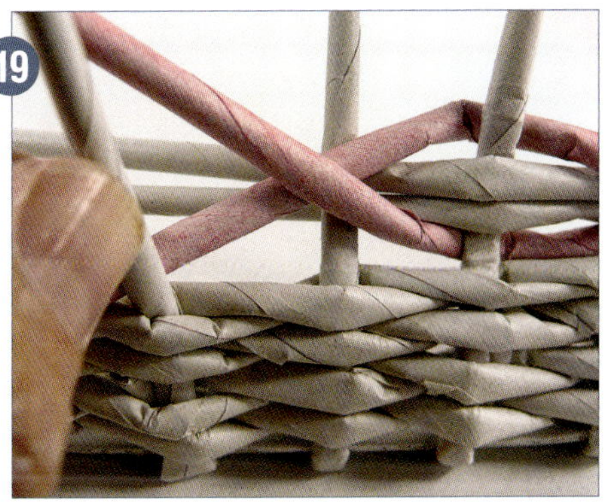

17

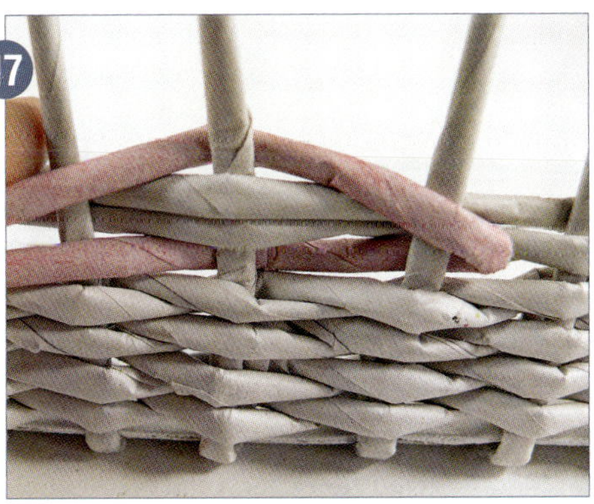

20

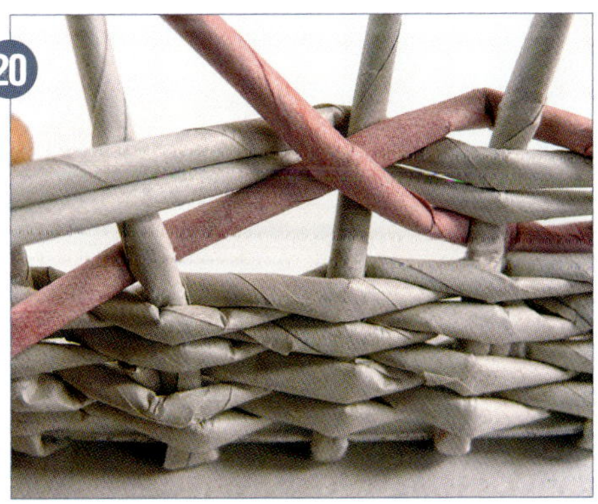

Mein Tipp

Probiere einmal aus, den Korbboden zu beschweren. Hierfür eignen sich unter anderem Bücher, Zucker- oder Mehltüten, ein großer Stein, ein Sack Vogelsand o. ä. Oft erleichtert dies das Arbeiten enorm!

stramm flechtest. Zeigen die Staken nach außen, ist das Geflecht vielleicht zu locker.

3.3 Überkreuzmuster

Es gibt unzählige Ziertechniken beim Flechten. Stellvertretend zeige ich dir das Überkreuzmuster. Dieses Muster kann ganz verschieden aussehen, je nachdem, welche Farben du wählst und ob die Anzahl der Staken deines Korbs gerade (Abb. 13) oder ungerade (Abb. 14) ist. Bei dieser Technik arbeitest du gleichzeitig mit vier Flechtsträngen: Zwei Stränge werden gleichmäßig vor und hinter den Staken durchgezogen („Parallelstränge") (Abb. 15) und zwei Stränge („Überkreuzstränge") (Abb. 16) umspielen die beiden ersten mit einem Kreuzmuster.

Wenn sich die beiden Parallelstränge **hinter** der Stake befinden, dann werden die beiden Überkreuzstränge vor dieser Stake überkreuzt. Sind die Parallelstränge **vor** der Stake, so werden die Überkreuzstränge oben und unten hinter dieser Stake durchgeführt. Diese beiden Schritte wiederholen sich abwechselnd (Abb. 17–20).

4. Die Formgebung

Wenn du dich entscheidest, eine sich nach oben erweiternde Form herzustellen, biegst du beim Flechten die Staken immer kräftig nach außen und stellst dir vor, dass du die Flechtreihe außen vor die darunterliegende Flechtreihe setzt. Es braucht etwas Übung, genau die Form zu erzielen, die man sich vorgestellt hat.

Willst du eine sich stark erweiternde Form mit Schablone flechten, solltest du die Schablone umdrehen, deine Flechtarbeit darauflegen, beschweren und von oben nach unten flechten. Die Staken werden dabei verknickt, was aber kein Problem darstellt (siehe Obstkorb, S. 90).

Irgendwann werden die Abstände der Staken durch die Erweiterung des Durchmessers zu groß. Das passiert auch beim Flechten eines großen Korbbodens. Dann musst du zusätzliche Staken einsetzen.

Staken einsetzen

Du kannst eine oder zwei Staken einsetzen, indem du in einem Stakenzwischenraum eine umgeknickte Papierstange zusätzlich einflechtest:

- Knickst du die Stange nur ein wenig um, dann fügst du eine einzelne Stake hinzu (Abb. 5–6),
- knickst du sie in der Mitte um, so erhältst du zwei Staken, die du zunächst gemeinsam einflechten (Abb. 7–9) und später noch einmal teilen kannst, wenn sich der Durchmesser des Korbes stärker vergrößert hat (Abb. 10).

Mein Tipp

Du kannst Staken in jedem Stakenzwischenraum, in jedem zweiten oder z. B. nur an vier Stellen symmetrisch über den Korb verteilt einsetzen. Je stärker sich die Form erweitert, desto mehr Staken musst du einfügen.

1

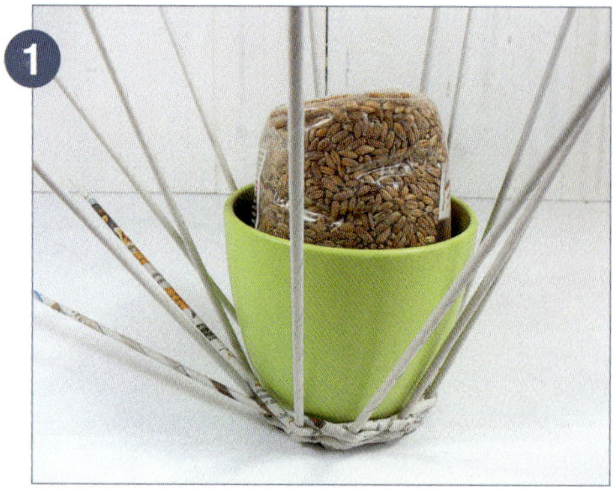

2

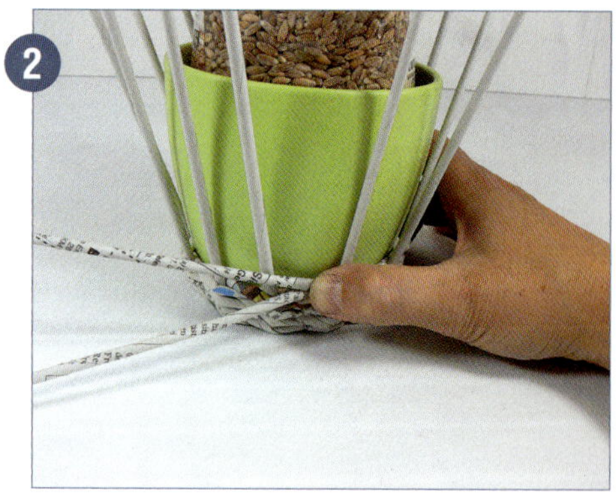

3

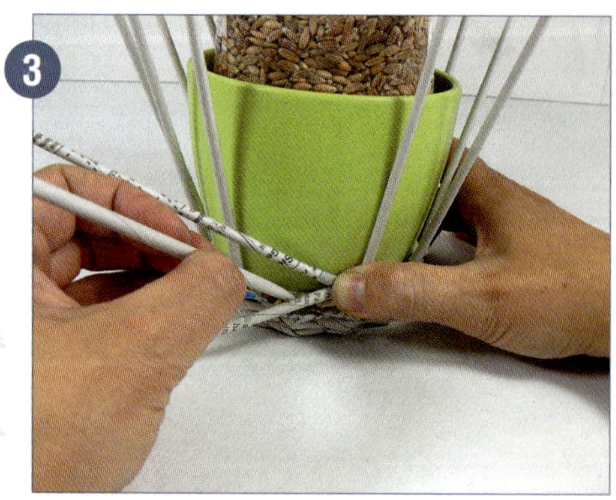

4

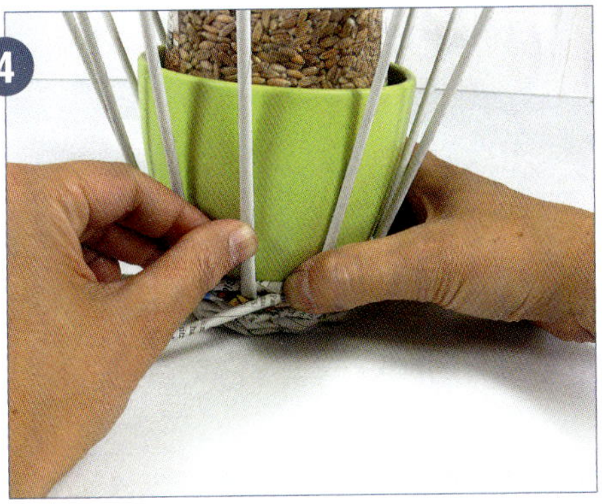

Mein Tipp

Um eine sehr genaue und sauber gearbeitete Form zu bekommen, stelle ein passendes Gefäß (oder bei eckigen Formen einen Karton) in deinen Korb hinein und flechte dicht an ihm entlang. Eventuell musst du dafür deine Flechttechnik ein wenig umstellen (Abb. 1–4). Sehr hilfreich ist es, wenn du das Gefäß oder den Karton kräftig beschwerst.

5

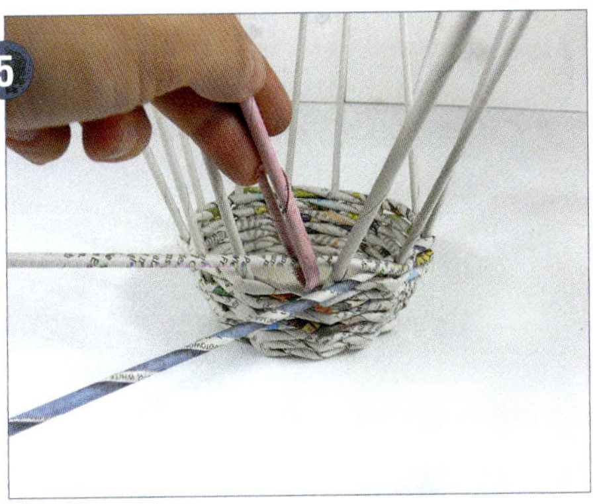

6

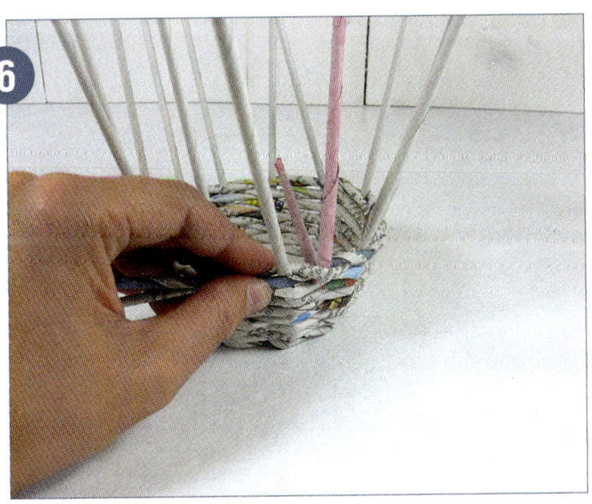

7

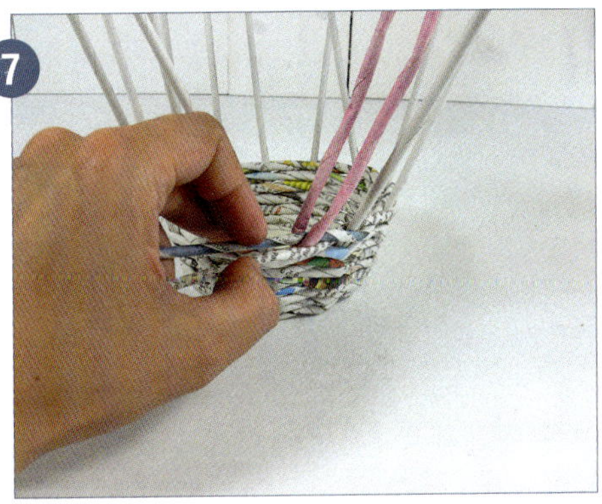

8

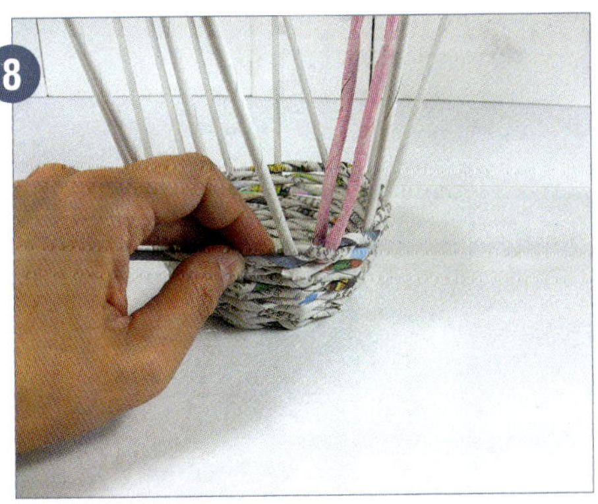

9

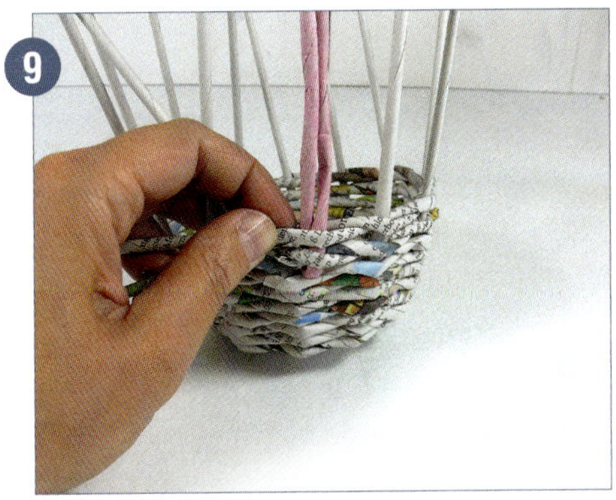

10

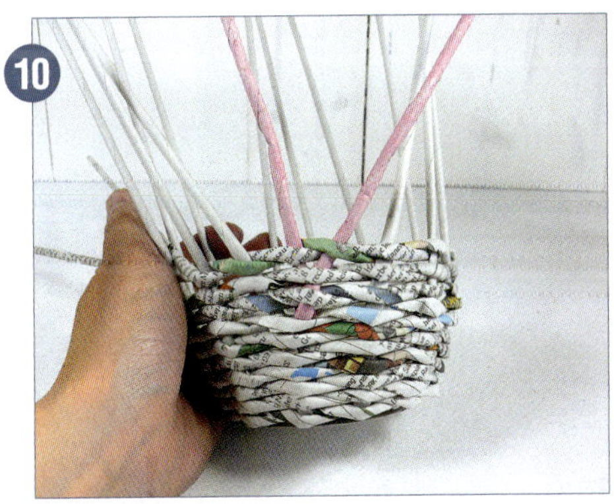

5. Die Korbböden

5.1 Böden aus Pappe

Gerade für kleinere Objekte eignet sich Pappe wunderbar als Korbboden. Größere Böden kannst du aus dicker, stabiler Graupappe herstellen, die es in verschiedenen Stärken zu kaufen gibt. Der Vorteil von einem Boden aus Pappe liegt auf der Hand: Er ist einfach und schnell herzustellen und bietet eine geschlossene Fläche, durch die nichts hindurchfallen kann.

Es gibt verschiedene Möglichkeiten, die Staken an einem Pappboden zu befestigen:

Kleben/Tackern

Die Enden der Staken werden am Rand der Pappe entlang **aufgeklebt** (Abstand 1,5–2,5 cm) (Abb. 1) oder **angetackert** (Abb. 2). Klebe eine zweite, gleich große Pappe von oben gegen die erste Pappe (Abb. 3), um die Klebe-/Tackerstellen zu verdecken. Zum Kleben eignen sich Klebestift oder Flüssigkleber. Getackerte Verbindungen sind am stabilsten. Biege die Staken nach oben – und los geht es mit dem Flechten!

Boden lochen

Am Rand des ausgeschnittenen Bodens entlang werden in gleichmäßigen Abständen **Löcher** gestanzt (mit einer Lochzange oder einem Locher, 5 mm Durchmesser). Die Abstände zwischen den Löchern (von Lochmitte zu Lochmitte) sollten ca. 1,5–2,5 cm betragen, der Abstand vom Rand zur Lochmitte ca. 0,5–1 cm.

Es gibt zwei Möglichkeiten, die Staken einzufügen

1. Für besonders lange Staken: Stecke die vorbereiteten Staken von unten ca. 5 cm weit durch das Loch und biege den Rest der Stake nach außen hoch (Abb. 4). Beim Flechten muss bei dieser Methode in den ersten Reihen immer das kurze Stakenende mit eingearbeitet werden. Baue erst nur wenige Staken ein und beginne mit dem Flechten – so können diese Staken nicht mehr aus den Löchern herausrutschen. Füge nach und nach weitere Staken hinzu und arbeite dich auf diese Weise Schritt für Schritt um den Korbboden herum (Abb. 5).

2. Für kürzere Staken: Schiebe eine Stake von oben durch ein Loch hindurch und von unten aus dem benachbarten wieder heraus. Ziehe an den Enden der Papierstange, bis beide Staken gleich lang sind (Abb. 6).

5.2 Böden aus Holz

Wenn mehr Stabilität gefragt ist, bietet es sich an, einen Boden aus Holz (z. B. Sperrholz) zu verwenden. Solche Böden kann man fertig kaufen oder selbst anfertigen (Abstände der Löcher von Lochmitte zu Lochmitte: 1,5–2,5 cm, Abstand vom Rand zur Lochmitte 0,5–1 cm, Bohrergröße: 5 mm). Die Staken werden genauso wie bei den gelochten Pappböden eingefügt (siehe auch Abb. 4–6).

5.3 Geflochtene Böden

Eine geflochtene Fläche herzustellen, ist nicht nur als Boden für Körbe nützlich – du kannst sie auch als Topfuntersetzer, als Tischset oder als Sitzkissen (siehe S. 74) verwenden.

Mein Tipp

Meistens ist es ratsam, die Staken in den ersten ein bis zwei Flechtrunden noch nicht ganz aufzurichten. Auf diese Weise ist der Pappboden von außen nicht zu sehen und die Korbform wirkt gefälliger (Abb. 7–8).

1

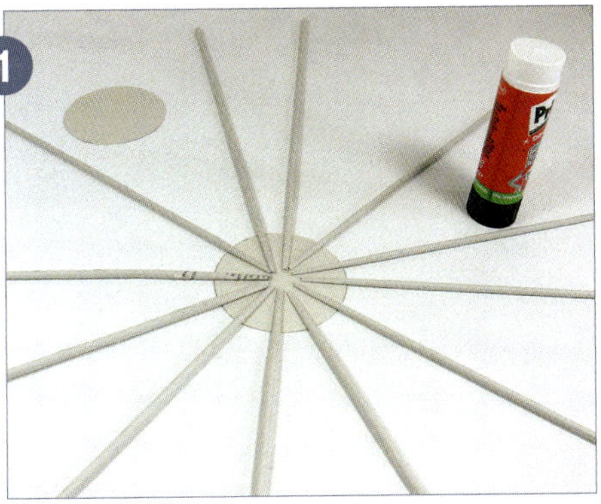

2

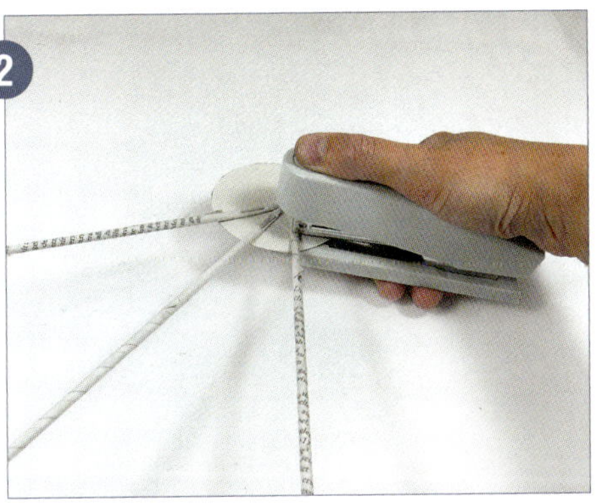

3

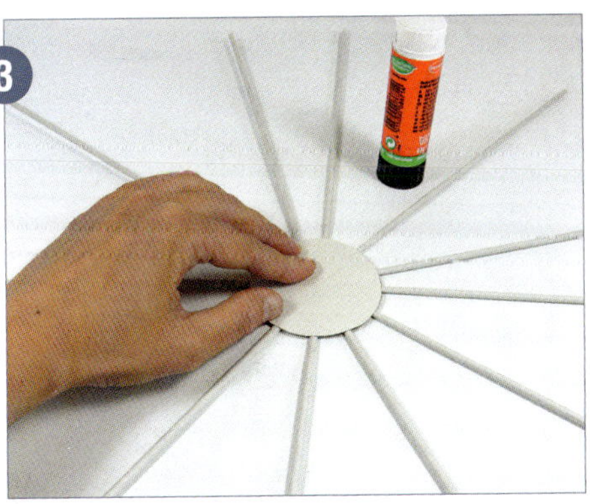

4

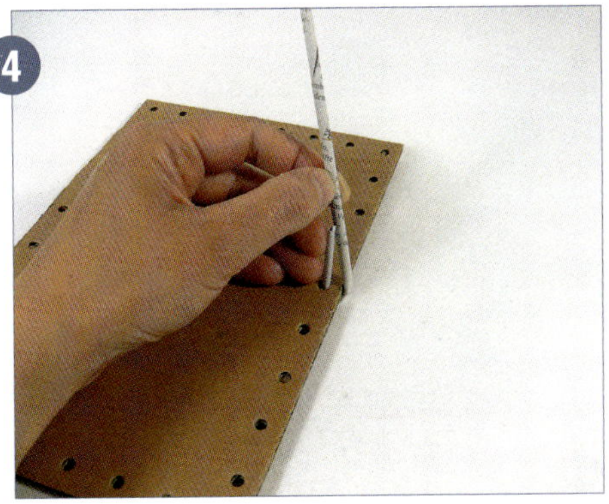

5

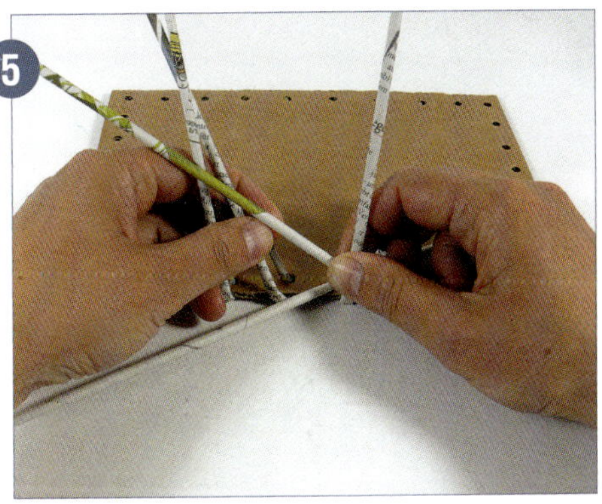

6

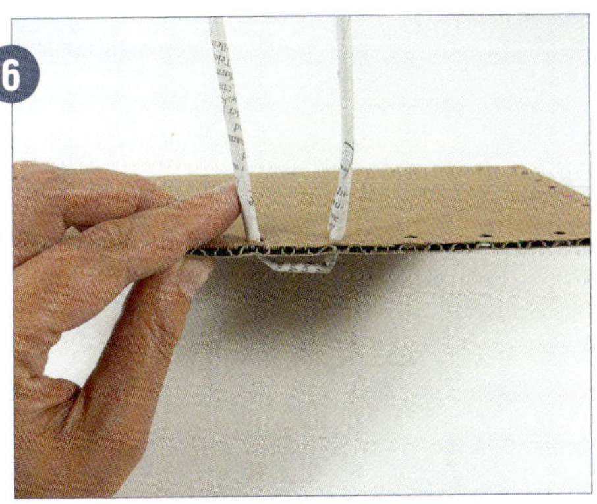

Mein Tipp

Man kann fertige Korbböden aus Holz kaufen, die zum Arbeiten mit Peddigrohr gedacht sind. Die Löcher haben allerdings einen sehr kleinen Durchmesser von nur 3 mm. Wenn du eine Bohrmaschine hast, vergrößere die Löcher auf 5 mm. Falls nicht, dann stelle sehr stramm gedrehte, schön spitze Papierstaken her – das spitze Ende lässt sich ein paar Zentimeter durch die kleinen Löcher schieben.

7

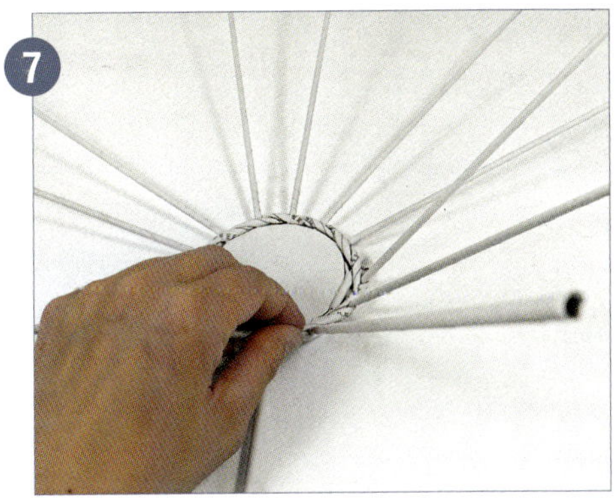

8

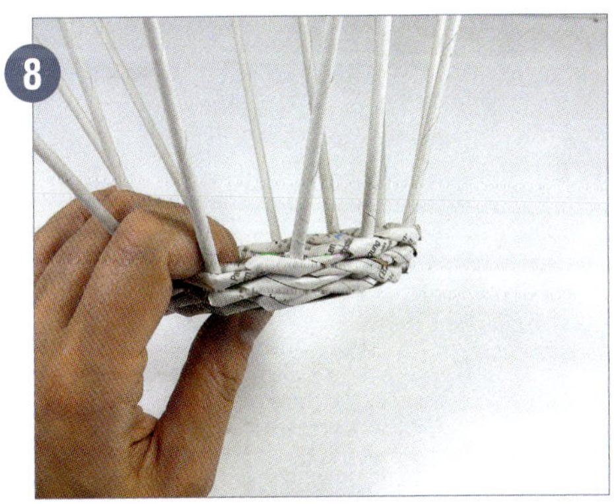

9

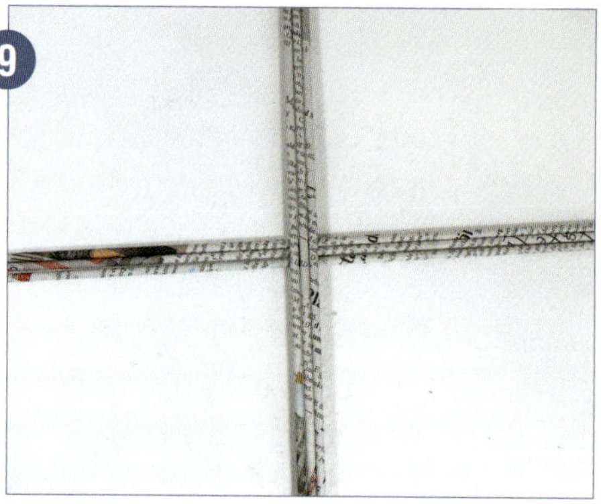

10

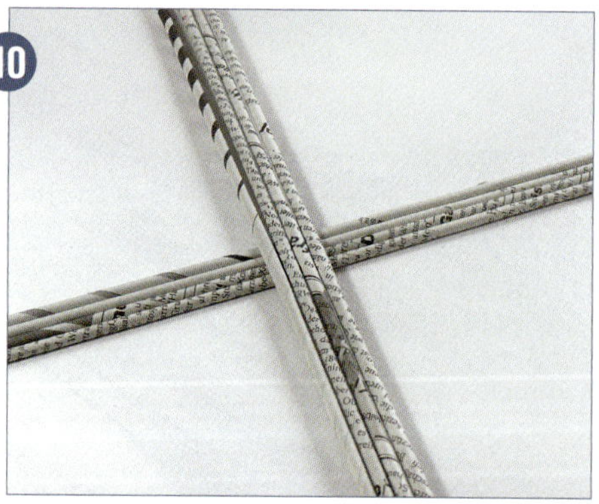

11

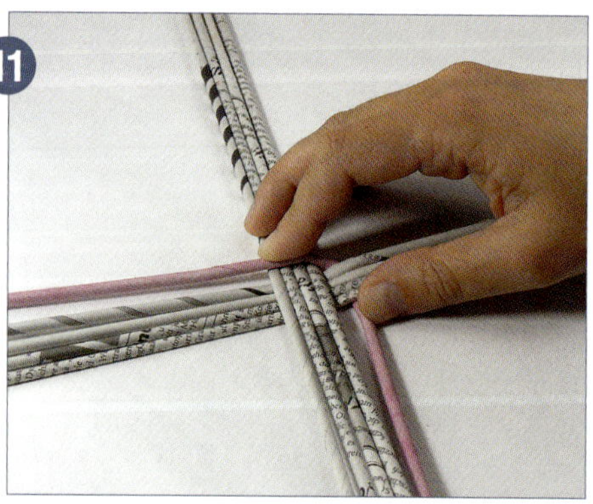

12

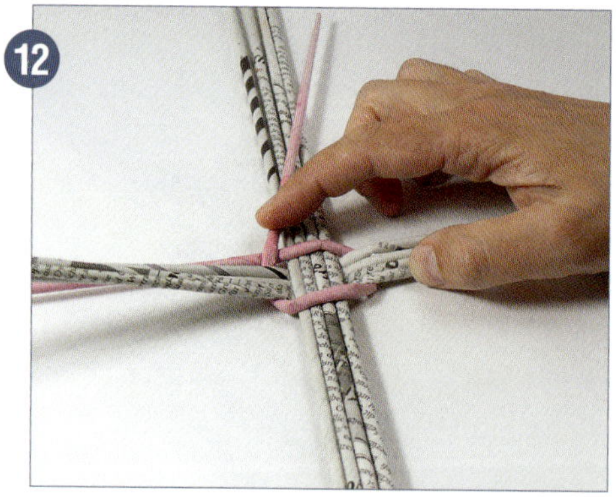

13

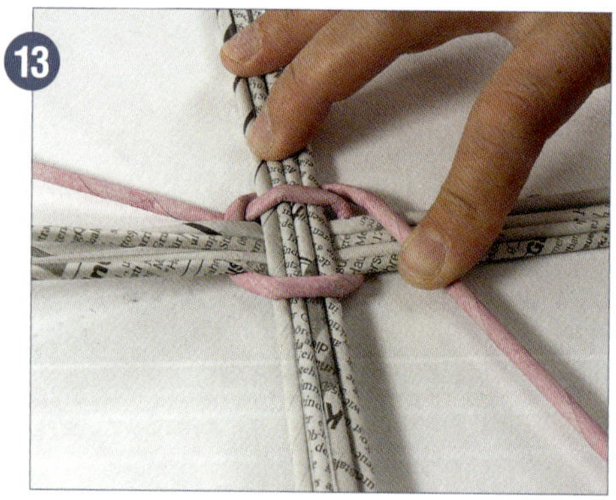

14

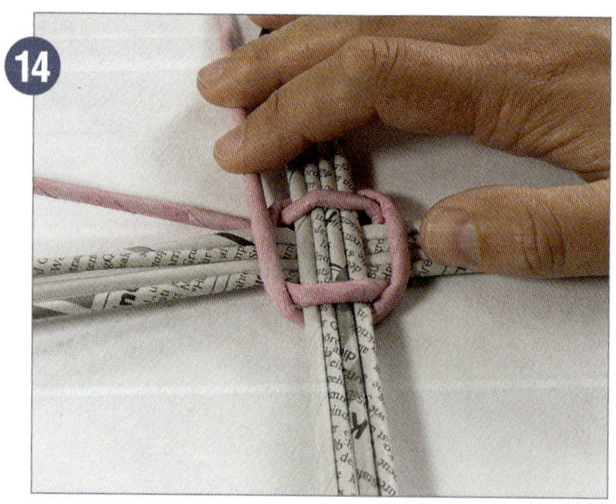

15

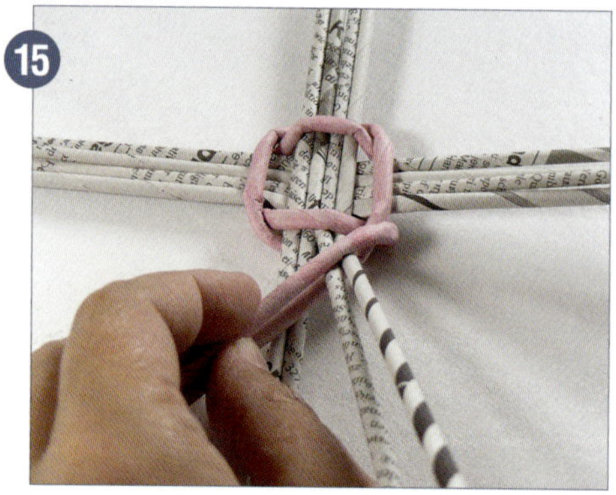

16

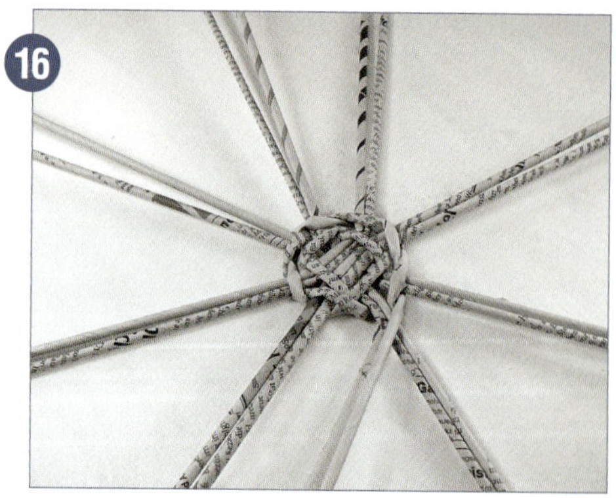

17

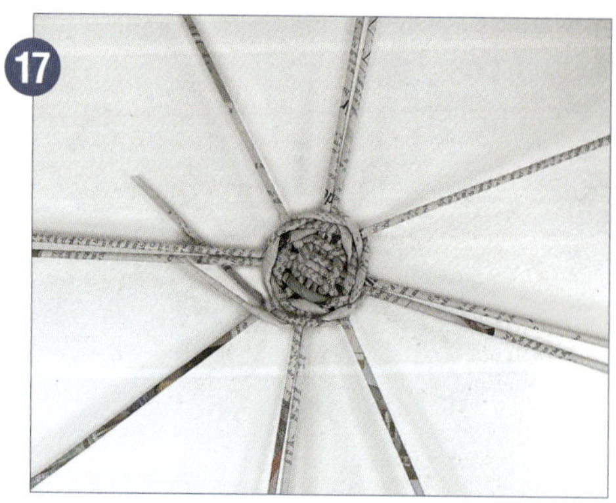

Runder Boden

Es gibt sehr viele verschiedene Methoden, einen runden Korbboden anzufertigen. Ich zeige dir die üblichste: Zunächst brauchst du ein Grundgerüst aus gekreuzten Papierrollen, das **Stakenkreuz**. Aus diesem entstehen die Staken des Geflechts. Je nach Größe des geplanten Bodens wählst du die Anzahl der gekreuzten Papierrollen. Bei Böden, deren Durchmesser kleiner als 10 cm werden soll, reicht ein Stakenkreuz von 3+3 Stangen (Abb. 9). Bei größeren Böden brauchst du 4+4 (Abb. 10).

In jedem Fall fixierst du das Stakenkreuz mit einer Papierrolle, indem du sie über und unter den Stakenbündeln verwebst (Abb. 11–14). Nach zwei Runden trifft das Ende der Papierrolle wieder auf den Anfang und bildet mit diesem zusammen nun die beiden Flechtstränge (Abb. 15).

Achte jetzt darauf, deine gewohnte Flechtrichtung (bei mir: im Uhrzeigersinn) einzuschlagen! Zunächst umflechtest du noch nicht jede Stake einzeln, sondern fasst sie zu Bündeln zusammen: Bei 4+4 Staken flechtest du anfangs immer um Zweiergruppen herum (Abb. 16), bei 3+3 Staken abwechselnd um eine einzelne Stake und um ein Stakenpaar (Abb. 17).
So arbeitest du so lange weiter, bis du den Eindruck hast, dass zwischen den Staken genug Platz für eine weitere Stake entstanden ist. Trenne die Stakenpaare und umflechte in den weiteren Runden jede Stake einzeln.

18

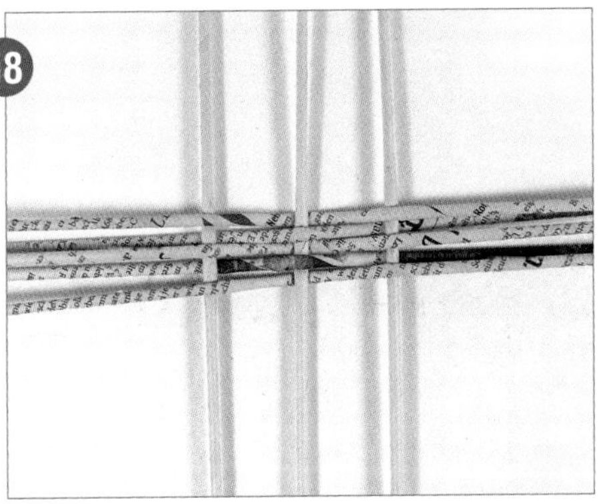

19

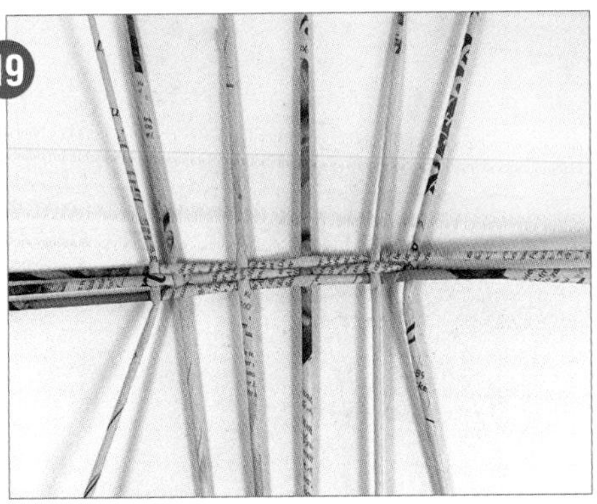

Fertigst du einen sehr großen Korbboden, wird nach einiger Zeit der Abstand zwischen den Staken zu groß. Dann musst du weitere Staken einsetzen (siehe S. 18).

Wenn ich einen Korbboden flechte, entstehen im Geflecht Lücken

Beim Flechten eines Korbbodens muss man sehr dicht arbeiten – das braucht etwas Übung. Du darfst die Flechtstränge zwischendurch kaum loslassen. Falls es doch einmal sein muss, fixiere sie kurz mit einer Wäscheklammer. Das Problem kann auch auftreten, wenn man bei runden oder ovalen Böden am Anfang mit zu vielen Staken arbeitet. Umflechte zunächst zwei Staken gemeinsam und teile sie nicht zu früh! Erst wenn die Lücken zwischen den Staken groß genug sind, dass eine weitere Stake ohne Weiteres dazwischen Platz hat, solltest du die Staken teilen (oder neue Staken einfügen).

Ovaler Boden

Auch beim ovalen Boden beginnt man mit einem Stakenkreuz, das entsprechend der Größe des erwünschten Korbbodens geplant wird, etwa aus 3+4 oder aus 7+3 Staken (Abb. 18–19).

20

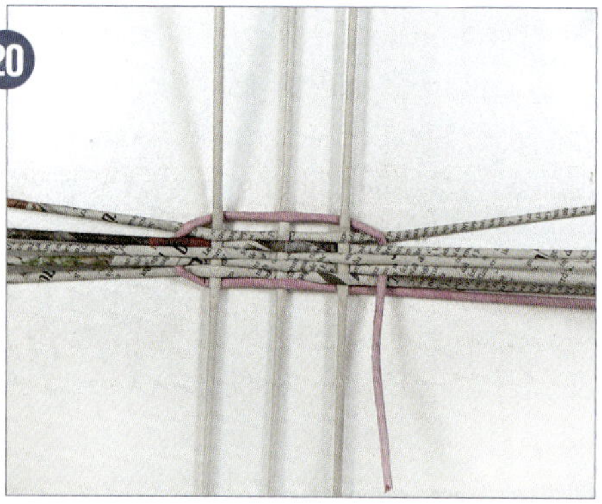

21

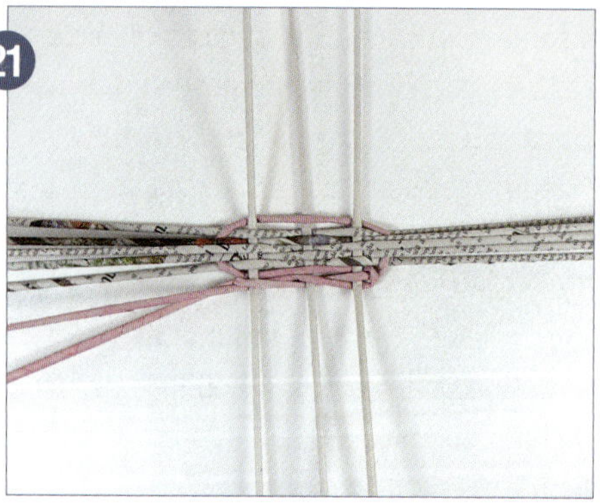

22

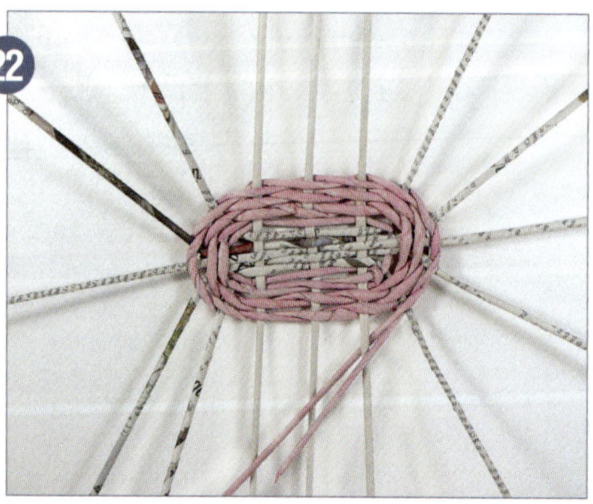

23

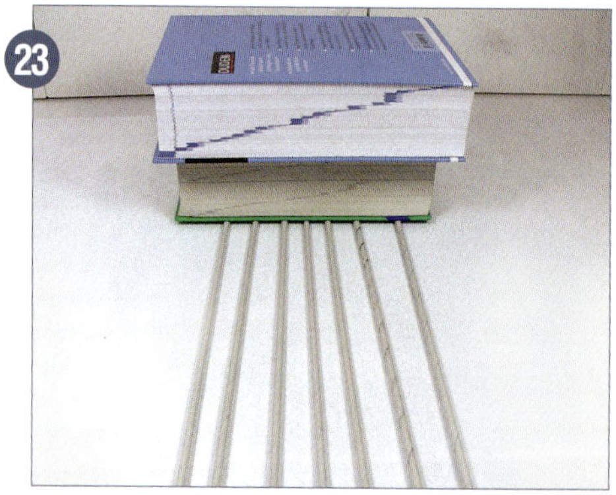

24

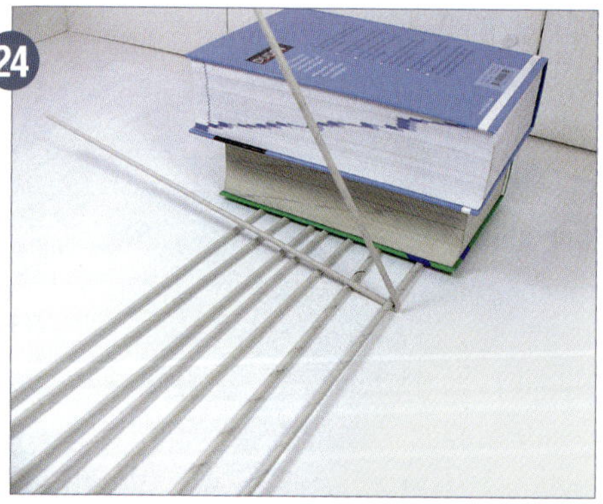

25

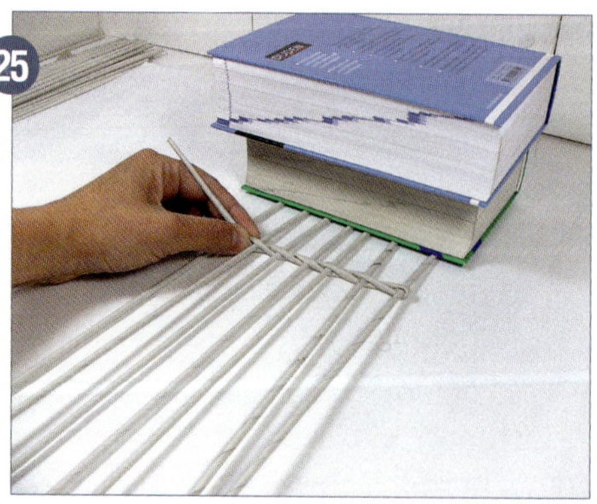

26

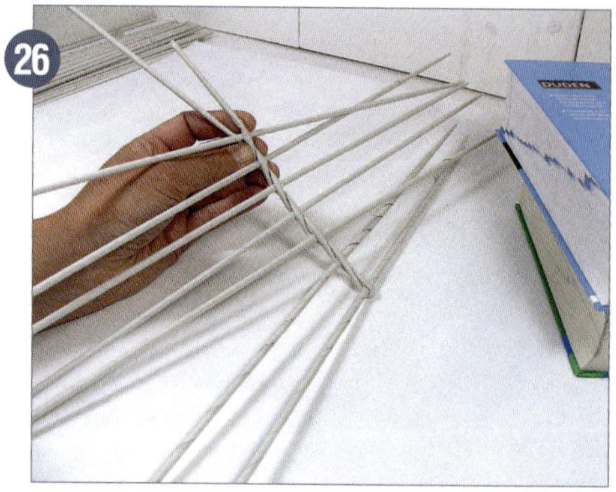

27

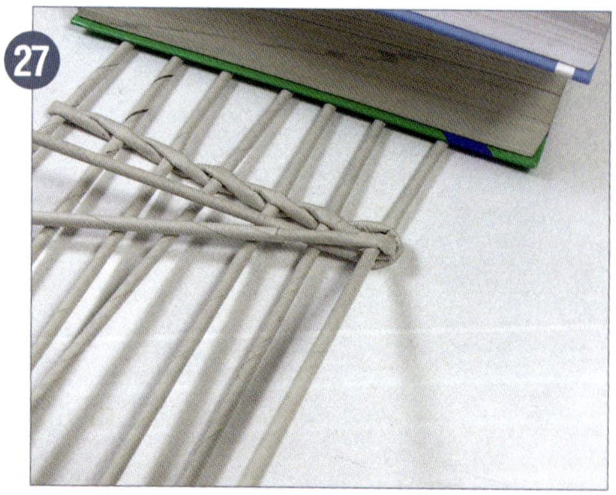

28

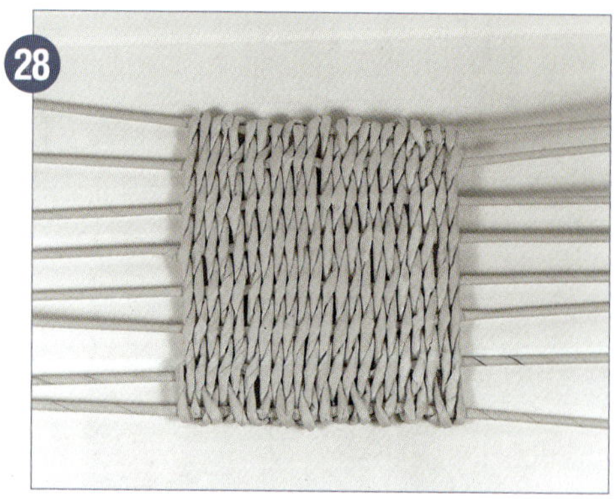

Genau wie beim runden Korbboden umwickelst du dieses Stakenkreuz zunächst mit einer Papierstange und fixierst es auf diese Weise (Abb. 20). Wenn sich Anfang und Ende der (evtl. verlängerten) Papierstange wieder treffen, hast du zwei Stränge, mit denen du flechten kannst. Flechte in deine gewohnte Flechtrichtung (Abb. 21–22). Teilweise solltest du eng beieinanderliegende Stakenpaare noch gemeinsam (quasi als eine einzige Stake) umflechten und erst später teilen, wenn der Korbboden größer geworden ist.

29

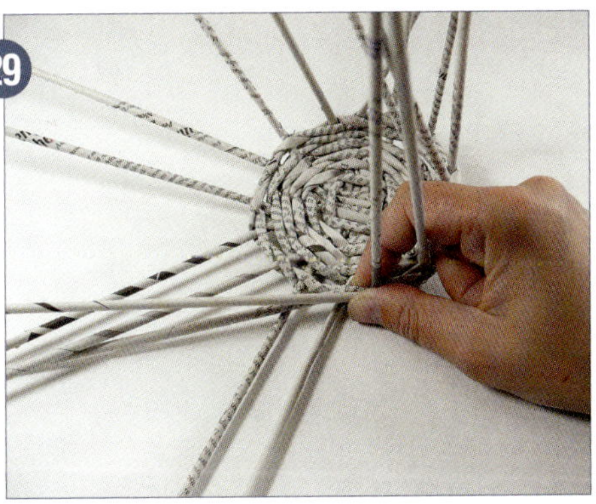

30

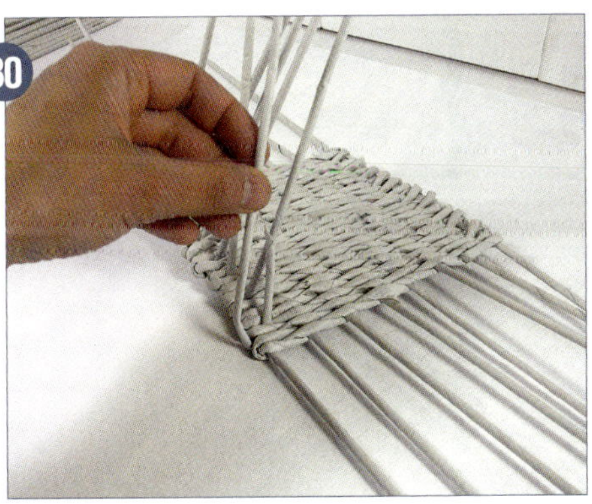

Eckiger Korbboden

Lege Staken im Abstand von 1,5–2,5 cm nebeneinander vor dich auf den Tisch. Die beiden äußeren Staken bestimmen die Breite deines Korbbodens. Lege ein paar schwere Bücher auf die hinteren Enden der Staken oder klebe sie mit Malerkrepp wieder ablösbar am Tisch fest (Abb. 23). Beginne dann, die Staken zu umflechten (Abb. 24–25).

Wenn du die letzte Stake umflochten hast, knickst du die Flechtstränge um diese herum. Jetzt kannst du entweder rückwärts arbeiten oder den ganzen Boden umdrehen, wieder mit den Büchern (oder Malerkrepp) fixieren und weiterflechten (Abb. 26–27). Auf diese Weise fährst du fort, bis der Boden die gewünschte Größe hat (Abb. 28).

Ziehe zum Schluss ein wenig an den gegenüberliegenden Enden der Staken, bis sie auf beiden Seiten gleich weit herausstehen.

5.4 Verbindung zwischen geflochtenem Korbboden und Korbwand

Es gibt drei Möglichkeiten:

1. Man kann die Staken des Bodens einfach hochbiegen und damit die Korbwände flechten (Abb. 29). Bei kleineren Objekten ist dies kein Problem, weil die Staken ohnehin lang genug sind. Bei größeren Objekten muss man die Staken verlängern (siehe S. 13, 2.3).

2. Alternativ kann man den Korbboden komplett abschließen, indem man die Staken zu einem ganz normalen Korbrand verarbeitet (siehe S. 26). Danach verfährst du wie bei einem Boden aus Pappe oder Holz: In jedem Zwischenraum lässt sich zwischen den Staken des Bodens ein Loch finden, durch das die Staken für die Korbwand eingesetzt werden können (siehe S. 20 und Abb. 30).

3. Die dritte Möglichkeit ist eine Kombination aus den beiden ersten: Du biegst die verbliebenen Stakenenden des Korbbodens nach oben, setzst aber gleichzeitig neben jeder Stake eine neue ein. Beim Flechten verarbeitest du die alte und die neue Stake zusammen. Wenn die Stake des Korbbodens endet, hast du immer noch die neu eingesetzte Stake, um weiterzuflechten und am Ende einen Rand zu arbeiten.

Mein Tipp

Das Phänomen, dass sich bei einem Korbboden die Ränder hochwölben, tritt beim Herstellen von Bodenflächen häufig auf. Zum Glück ist das Geflecht sehr flexibel – oft hilft es bereits, wenn man es beim Flechten von Zeit zu Zeit wieder in die richtige Form biegt und drückt. Reicht dies nicht, so kann man einige Stunden lang einen Stapel Bücher auf das Geflecht legen. In fertige Körbe kann man über Nacht ein paar Pakete Mehl o. ä. stellen, um den gewölbten Boden in Form zu bringen.

6. Die Randabschlüsse

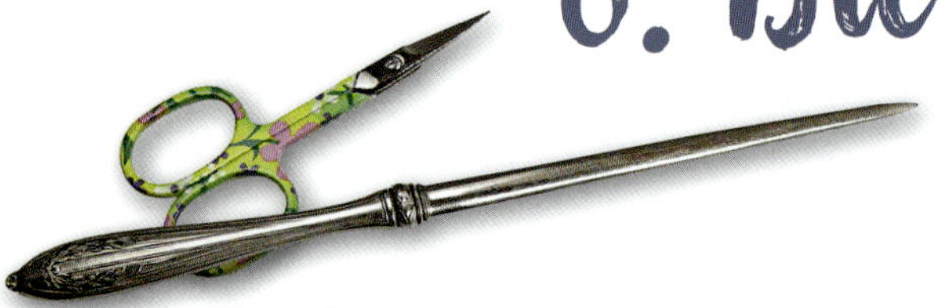

Es gibt mehrere verschiedene Randabschlüsse, die du nach Bedarf und Geschmack einsetzen kannst.

6.1 Einfacher Steckrand

Bei diesem Abschluss steckst du nacheinander Stake für Stake in den „Kanal“, aus dem die nächste Stake hervorkommt. Kürze dafür die Staken schräg auf die Länge **Stakenabstand plus etwa 2–4 cm**. Hilfreich zum Einstecken ist ein schmaler flacher Gegenstand, z. B. ein Brieföffner, eine nicht zu spitze kleine Schere oder ein schmales Messer, den man zunächst parallel zur Stake in den Stakenkanal schiebt (Abb. 1), dann dreht man den Gegenstand um 90 Grad (Abb. 2) – der Schlitz öffnet sich dadurch etwas und die Stake lässt sich leichter von oben hineinstecken (Abb. 3). Eventuell noch herausstehende Enden der Flechtstränge werden nach Fertigstellen des Randes abgeschnitten.

6.2 Luftmaschenrand

Bei diesem Abschluss sollten die Stakenenden etwas länger als beim einfachen Steckrand sein: etwa **zweimal Stakenabstand plus 3 cm**. Jede Stake wird von hinten nach vorn um die nächste Stake herumgeführt und in den Kanal zurückgesteckt, aus dem sie herausgekommen ist (Abb. 4–5).

6.3 Korbflechterrand

Für diesen Abschluss benötigst du mindestens eine restliche Stakenlänge von **zweimal Stakenabstand plus 3,5 cm**. Zunächst führst du alle Staken hinter der rechten Nachbarstake herum, sodass die Staken sonnenstrahlenförmig nach außen abstehen (Abb. 6). Die letzte Stake wird von hinten durch den Bogen gesteckt, den die erste umgebogene Stake bildet (Abb. 7). Nun steckst du die nach außen stehenden Enden durch den benachbarten Bogen auf der rechten Seite (Abb. 8). Ziehe jede einzelne Stake noch einmal gut fest und prüfe das Erscheinungsbild des Randes. Wenn du zufrieden damit bist, schneide die nach innen überstehenden Staken und die evtl. verbliebenen Enden der Flechtstränge (nicht zu knapp) ab – fertig (Abb. 9–10)!

Mein Tipp

Manchmal rutschen die eingesteckten Enden wieder aus dem Geflecht heraus. Mit einem Tropfen (Sekunden-)Kleber lassen sich die Stakenenden leicht fixieren.

1

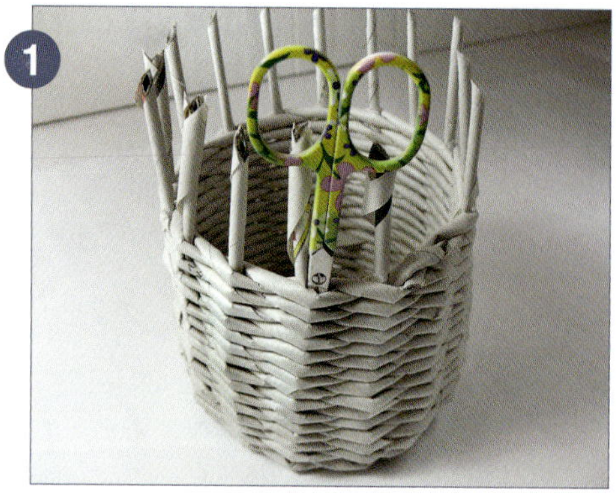

2

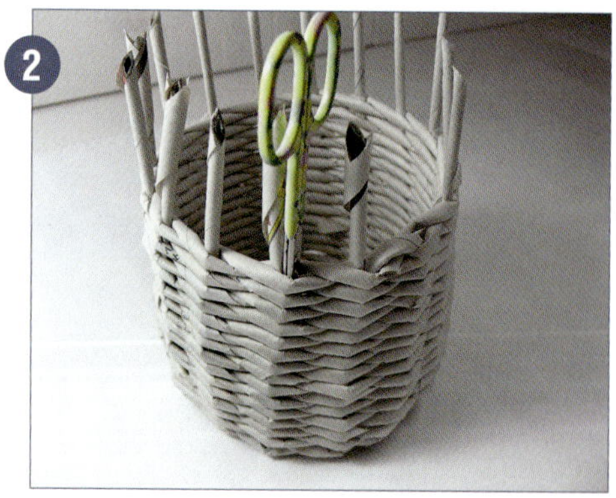

3

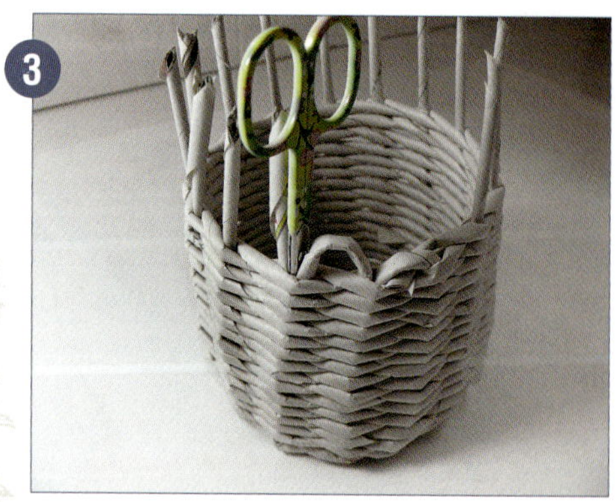

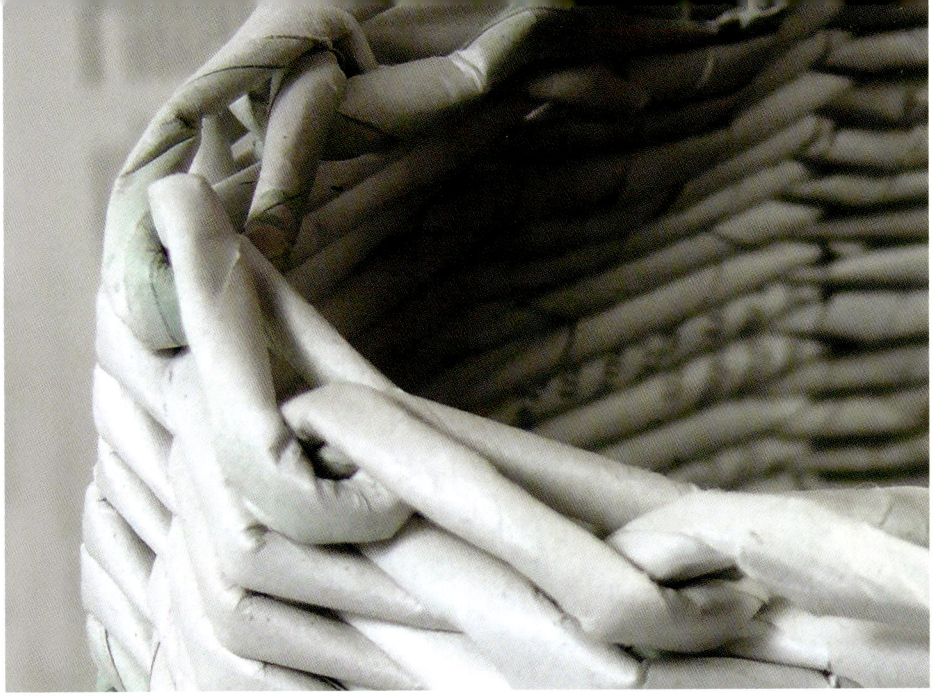

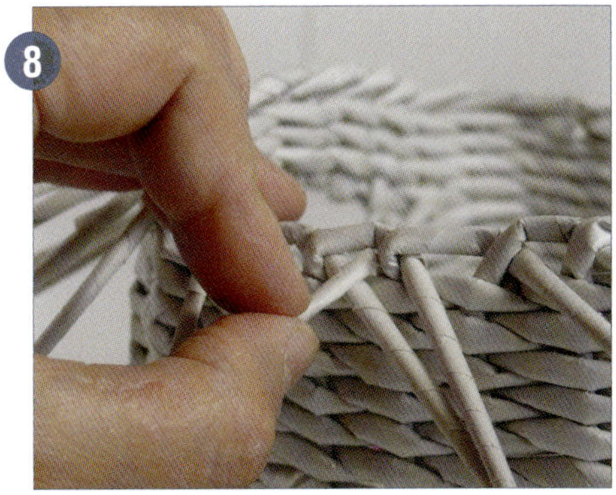
8

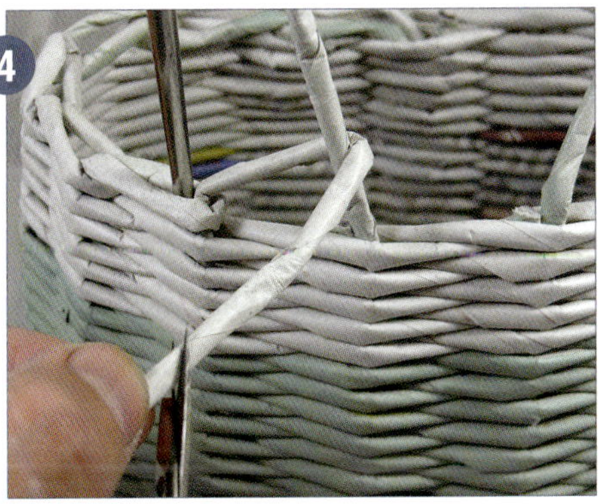
4

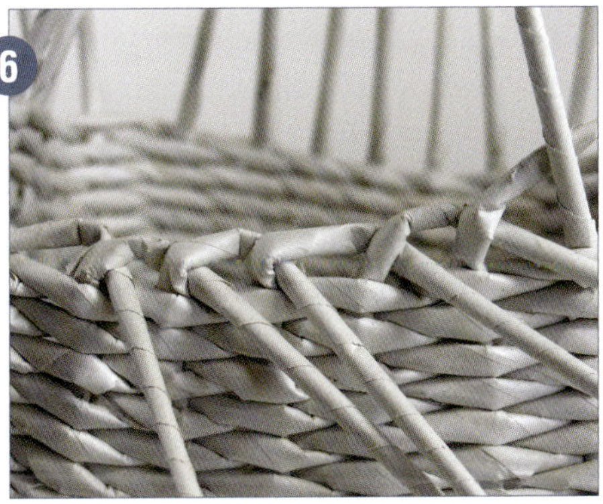
6

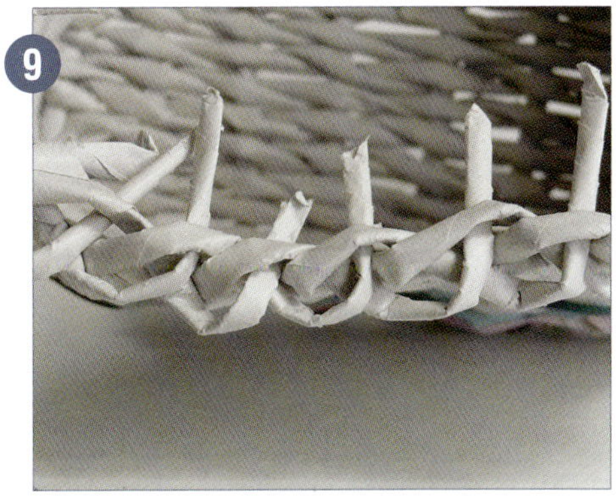
9

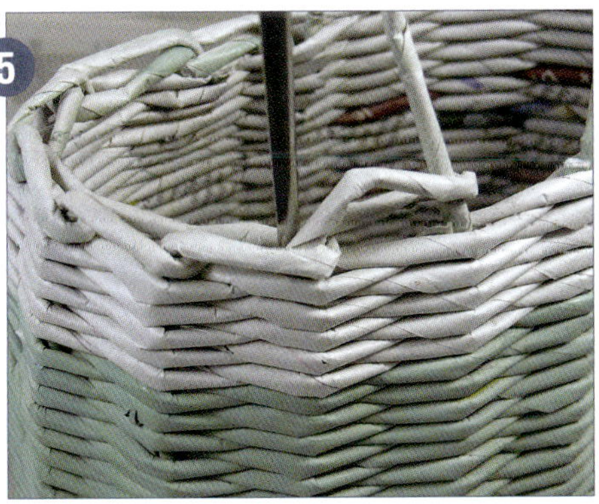
5

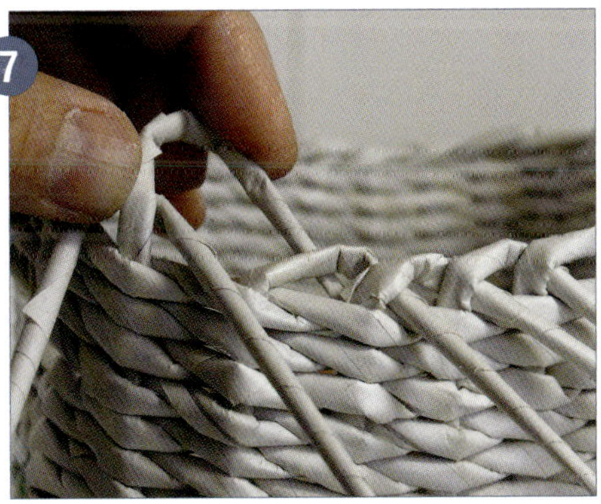
7

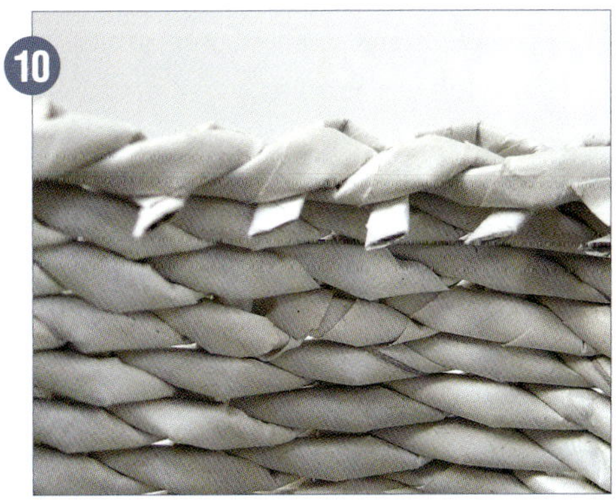
10

7. Griffe und Henkel

Es gibt verschiedene Möglichkeiten, deinen Korb mit Henkeln oder Griffen auszustatten

7.1 Angesetzter Henkel

Zunächst solltest du überlegen, welche Aufgaben dein angesetzter Henkel am fertigen Korb erfüllen soll: Soll er als Zierelement einen kleinen Korb schmücken und wird er keine schweren Lasten tragen müssen oder soll er so stabil sein, dass er richtig was aushält? Deine Entscheidung legt fest, wie das „Innenleben" deines Henkel beschaffen sein muss: Je nach Belastungsansprüchen brauchst du zwei oder drei bis fünf Papierrollen. Wenn du eine ganz hohe Sicherheit erreichen willst, verstärkst du die Papierstangen noch mit Draht (siehe S. 13). Auch die Art, wie du den Henkel mit dem Korb verbindest, entscheidet über die spätere Stabilität: In den meisten Fällen reicht es, den Griff einfach am Korb anzusetzen.

Überlege dir, wie groß der Griff werden soll, damit du später gut hineingreifen kannst. Knicke die Enden deiner für den Henkel zurechtgelegten Papierstangen an beiden Seiten so um, dass du aus dem mittleren Teil einen passenden Griff formen kannst. Die umgeknickten Enden müssen mindestens 8–10 cm lang sein! Nun suchst du am Korb im Geflecht die passenden Stellen, um den Henkel anzusetzen (Abb. 2) – wenn du zwei Griffe ansetzst, so achte darauf, dass nachher alles schön symmetrisch aussieht. Schiebe die eine Seite deines vorbereiteten Henkels durch das Geflecht des Korbs und biege die Enden hoch, sodass du sie mit dem Henkel zusammen festhalten kannst. Um dir die Arbeit zu erleichtern, kannst den Henkelansatz mit Wäscheklammern oder Malerkrepp fixieren (Abb. 3).

Jetzt muss der **Griff ummantelt** werden. Dafür möchte ich dir zwei Möglichkeiten vorstellen.

Umwickeln

Befestige eine Papierstange nah am Henkelansatz im Kanal einer Stake (evtl. mit etwas Kleber) und umwickle den Griff damit gleichmäßig (Abb. 4). Wenn du eine neue Stange anfügst, fixiere sie mit Klebestift in der vorhergehenden. Ist der Griff etwas über die Hälfte ummantelt, dann befestige auch das zweite Ende am Korbgeflecht, biege die Enden hoch und arbeite sie mit ein (Abb. 5). Stecke zum Schluss das Ende der Papierrolle wieder in den Kanal einer Stake. Kürze die Rolle evtl. ein wenig und schneide sie spitz zu. Am besten mit Kleber fixieren!

Umknoten

Sehr hübsch finde ich die Variante, den Henkel dekorativ zu umknoten. Hierfür brauchst du ein paar ganz dünne Papierrollen (ca. 7 cm breite Streifen einrollen bei Papier in Zeitungsqualität). Die Rollen müssen so dünn sein, dass sie die Flexibilität von einem Band erreichen. Sie müssen sehr präzise und sorgfältig gearbeitet sein und schön spitze Enden haben, sonst funktioniert das Aneinandersetzen nicht.
Befestige auch beim Umknoten das Ende der dünnen Papierstange ganz nah an der Ansatzstelle des Henkels in dem Kanal einer Stake (evtl. einkleben!).

Mein Tipp

Wenn du eine besonders hohe Belastbarkeit erzielen möchtest, solltest du von Anfang an eine zusätzliche Stake in den Korb einflechten und diese dann mit in den Griff einarbeiten (Abb. 1).

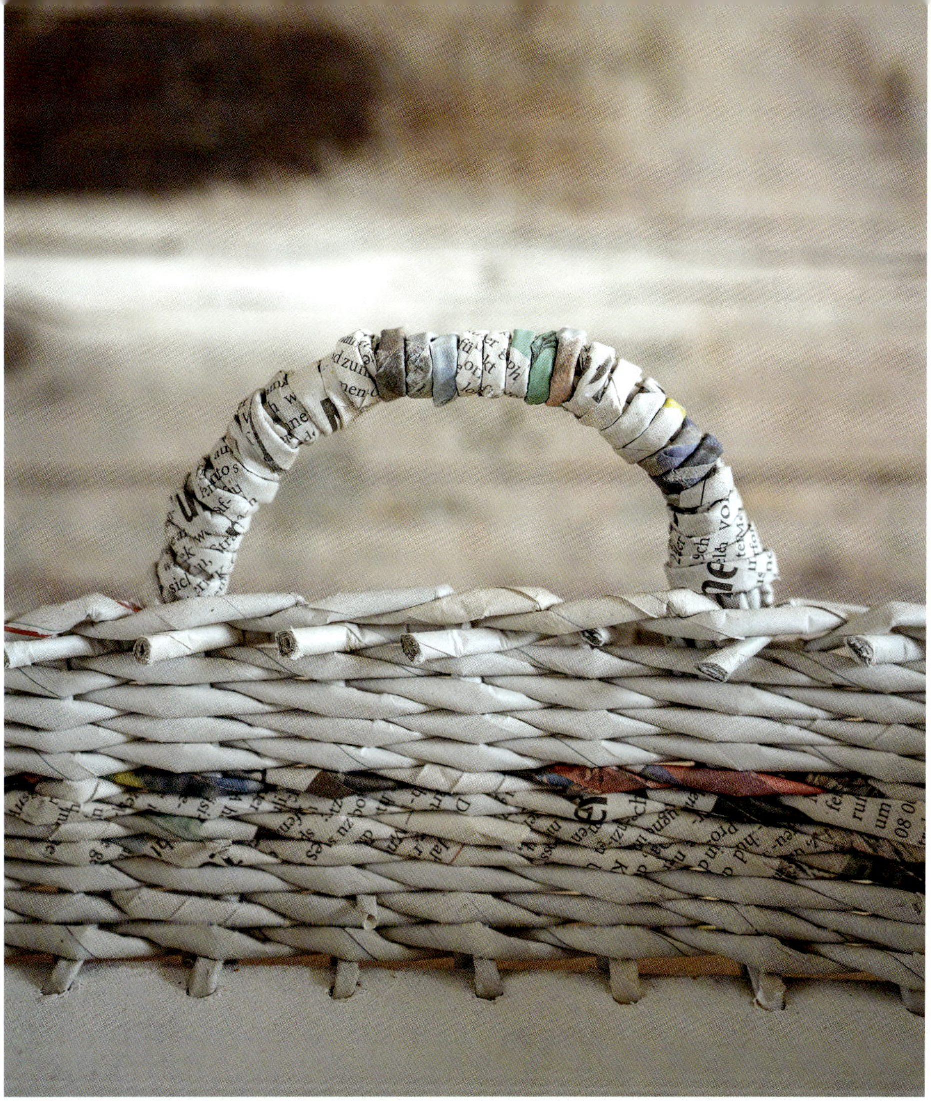

1
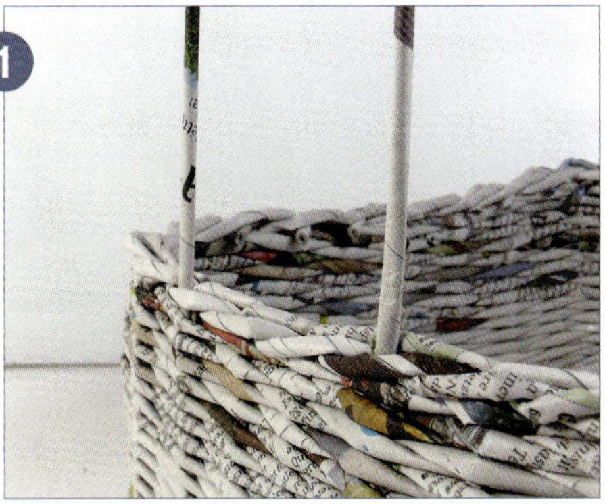

2
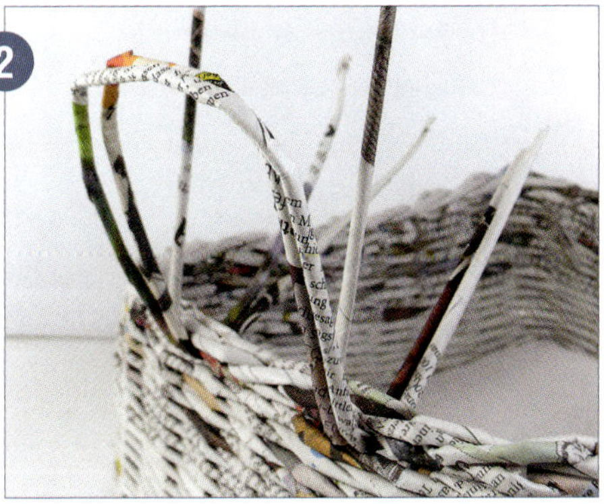

3
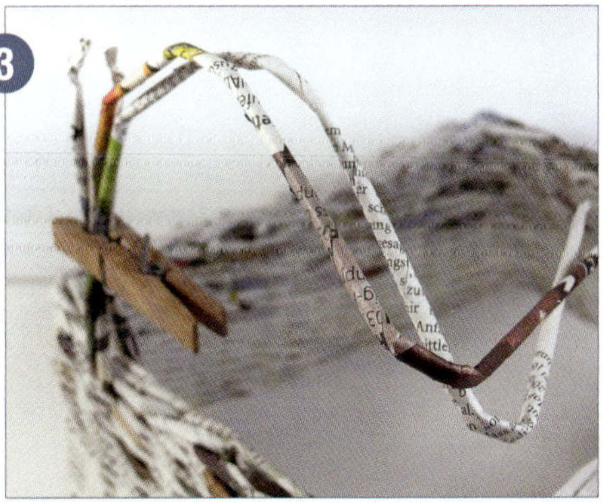

4
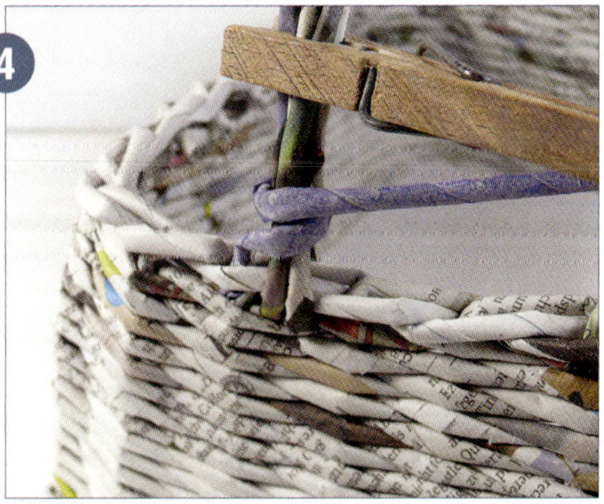

5
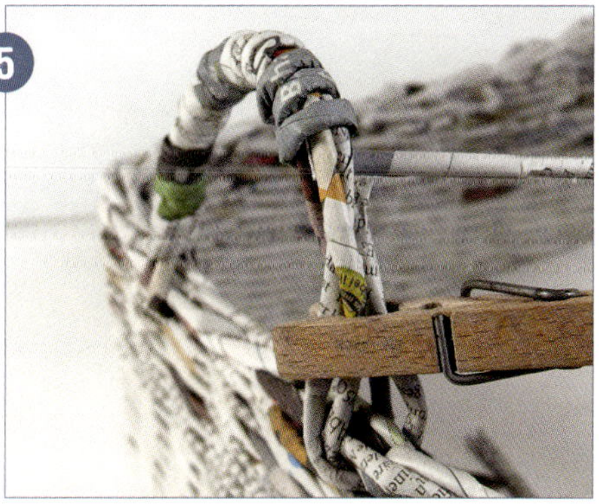

6

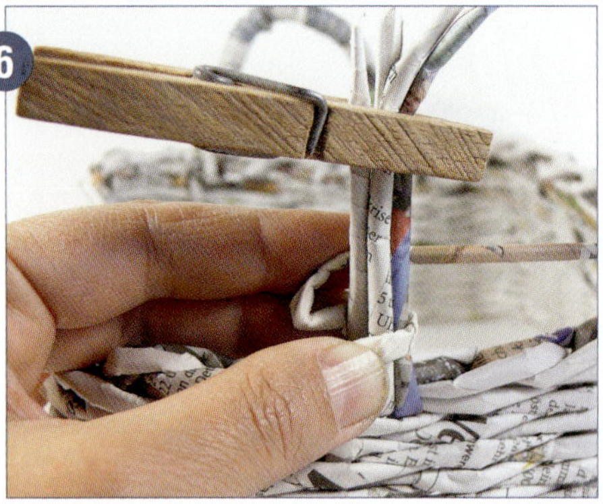

7

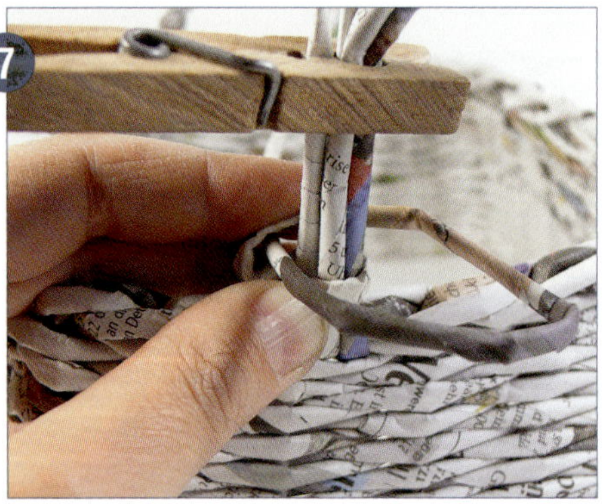

8

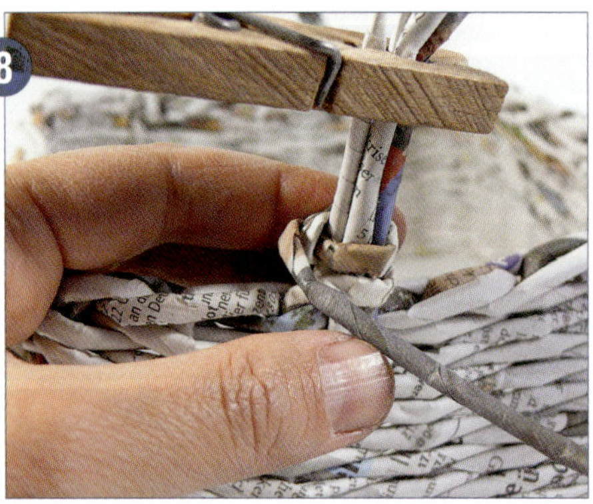

9

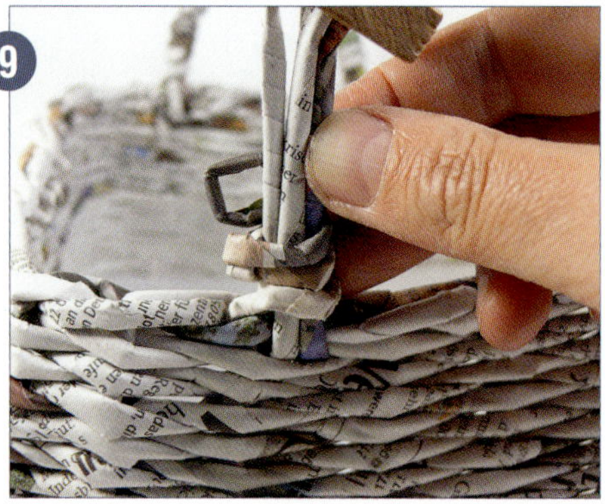

10

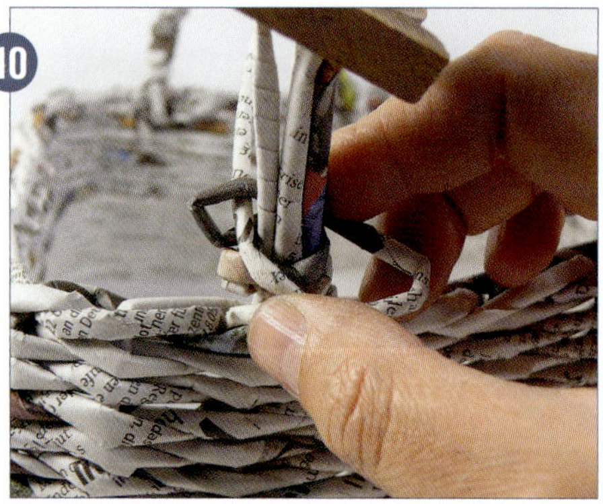

11

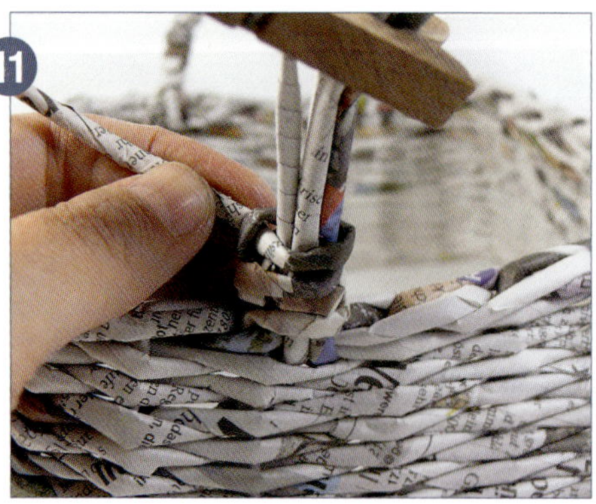

Ziehe die Papierstange einmal bis fast zum Ende durch deine zusammengepressten Finger – so wird sie biegsamer. Nur das Ende solltest du nicht zusammendrücken, denn dort willst du ja später die nächste Stange hineindrehen können. Nun umknotest du den Henkel: Bilde mit der dünnen Papierrolle nah am Henkel eine kleine Schlaufe (Abb. 6), führe das Ende um den Henkel herum, durch die Schlaufe hindurch (Abb. 7) und ziehe alles vorsichtig fest (Abb. 8). Nun wiederholst du die Schritte (Abb. 9–11). Sei besonders behutsam, wenn du die nächste Stange anfügst. Streiche das spitze Stangenende mit etwas Kleber ein, drehe es in das andere Stangenende und fixiere die Ansatzstelle mit einer Wäscheklammer (passe auf, dass die Wäscheklammer nicht versehentlich an der Papierstange anklebt!).

Mein Tipp

Viel gebrauchte Henkel solltest du unbedingt mit einem schützenden Lack einpinseln – sie sehen sonst sehr schnell abgenutzt aus. Trage gerne mehrere Schichten Schutzlack auf! Sind die Henkel doch irgendwann abgegriffen, kannst du sie einfach durch neue ersetzen.

Wenn du zwei Henkel an deinem Korb anbringen möchtest, kannst du jetzt wechselseitig arbeiten: Mache immer an einem Henkel weiter, während beim anderen der Kleber trocknet. Ist er trocken, kannst du mit äußerster Vorsicht weiterarbeiten: Du solltest auf die Ansatzstelle kaum Zug ausüben, sondern den Knoten durch Schieben und Drücken formen. Ist der Ansatzpunkt eingearbeitet, kannst du wie gewohnt wieder etwas Zug ausüben. Schiebe die Knoten hin und wieder zusammen, sodass die Henkelstaken dicht umknotet sind. Denke daran, das andere Ende des Henkels rechtzeitig am Korbrand zu befestigen und die umgeschlagenen Enden der Papierstangen mit einzuknoten. Zuletzt befestigst du das Ende deiner dünnen Papierstange nah am Henkel im Korbgeflecht.

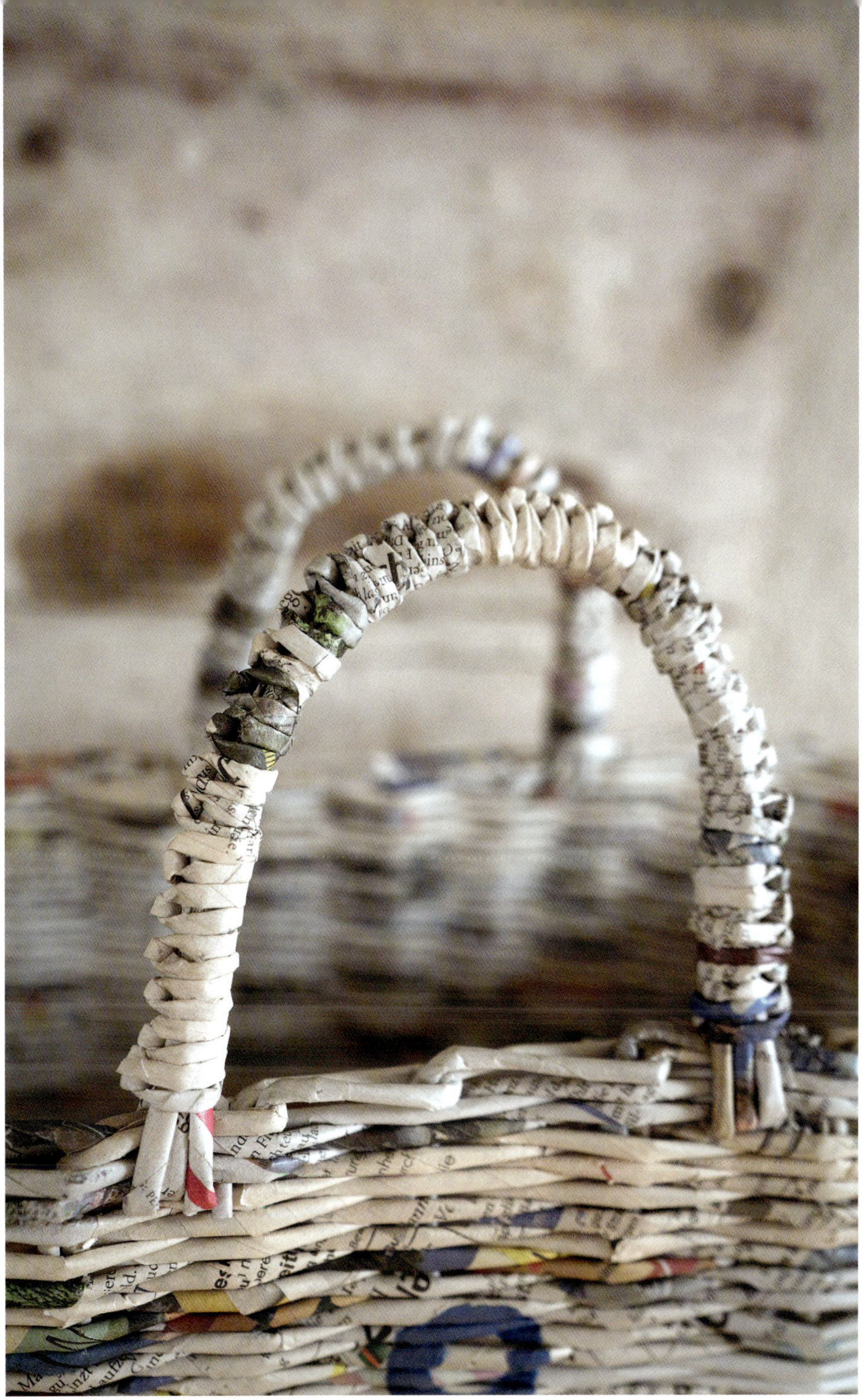

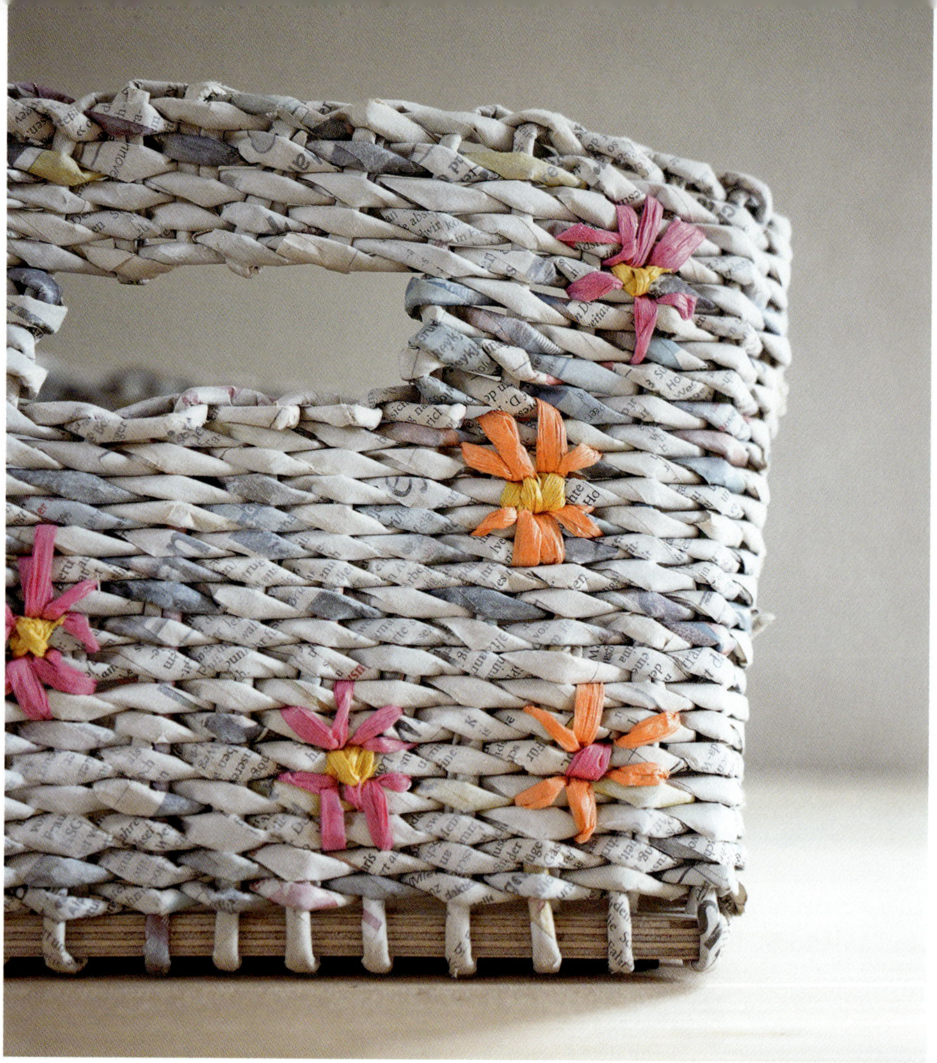

7.2 Eingearbeiteter Griff

Eine sehr schöne und gleichzeitig einfache Art, einen Griff zu formen, ist, ihn direkt ins Geflecht einzuarbeiten. Arbeite wenige Zentimeter vor dem geplanten Korbrand aus etwa vier benachbarten Staken einen einfachen Steckrand (siehe S. 26 und Abb. 12). Setze in der nächsten Flechtreihe an dieser Stelle etwa vier neue Staken ein – fixiere sie eventuell mit Wäscheklammern, bis du die nächste Runde erreichst (Abb. 13). Je mehr Staken du einsetzt, desto größer wird der Henkel. Wenn nach rund vier Reihen der Korbrand erreicht ist, schneide je eine der doppelten Staken am Henkel ab (Abb. 14) und fertige einen Randabschluss.

12

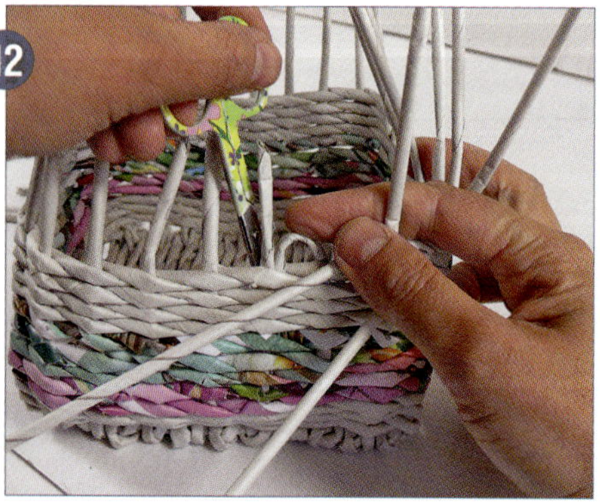

13

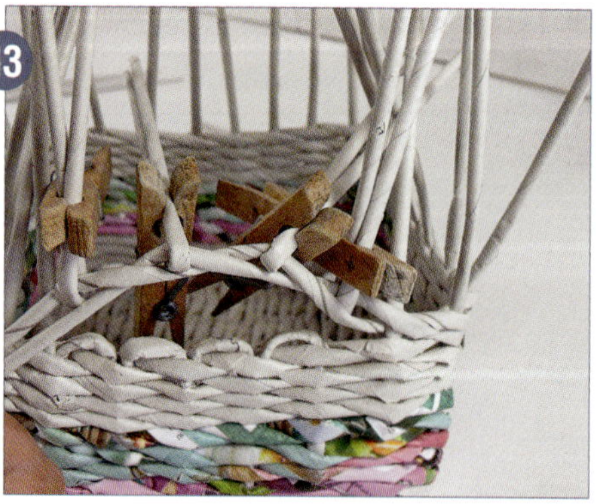

14

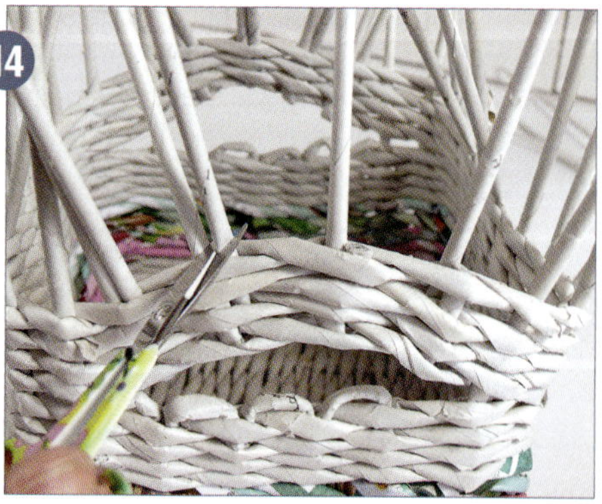

7.3 Eingriffslöcher

Wenn du einen ganz geraden Korbrand haben möchtest, kannst du Eingriffslöcher einarbeiten: Verarbeite dort, wo die Eingriffslöcher entstehen sollen, die unteren Staken wie beim eingearbeiteten Griff zu einem Rand. Führe die Flechtstränge um die Stake herum, die die seitliche Begrenzung des Lochs bilden soll und flechte in die umgekehrte Richtung weiter (Abb. 15). Achte darauf, dass du beim Rückwärtsflechten das gleichmäßige Aussehen deiner Korbwand nicht störst, indem du die Flechtstränge versehentlich falsch herum miteinander verdrehst (siehe S. 14)! Orientiere dich am bisherigen Flechtbild und setze dieses auch „im Rückwärtsgang" fort. Wenn dein Korb zwei Eingriffslöcher haben soll, flechtest du bis zu der Stelle auf der anderen Seite, wo das andere Loch entstehen soll, führst die Flechtstränge wieder um die Stake herum, die die seitliche Begrenzung des Lochs bilden soll, und flechtest vorwärts zurück zum anderen Loch. Fahre so fort, bis du etwa vier Reihen geflochten hast (Abb. 16).
Jetzt arbeitest du vier Flechtreihen auf der anderen Seite, verwende dafür neue Flechtstränge (Abb. 17) und schneide sie nach vier Reihen einfach ab. Forme dann mit dem anderen Flechtstrangpaar die Eingriffslöcher. Setze oberhalb der Aussparung die entsprechende Anzahl neue Staken zwischen den Flechtsträngen ein (Abb. 18) und flechte dann ganz normal weiter.

15
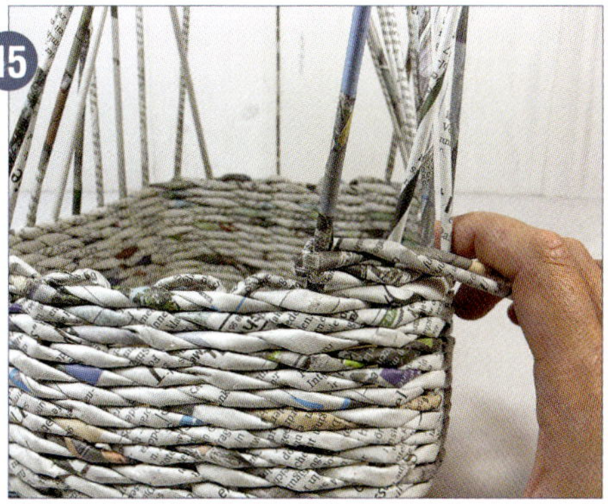

Mein Tipp

Wenn du die Staken am unteren Rand des Eingriffslochs nicht zu einem Rand verarbeitest, kannst du sie oben weiterverwenden. Besonders dekorativ sieht es aus, wenn du die Staken überkreuzt (Abb. 19).

16
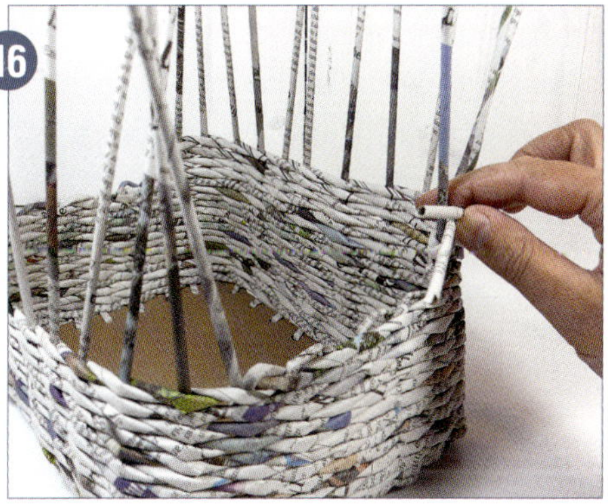

18
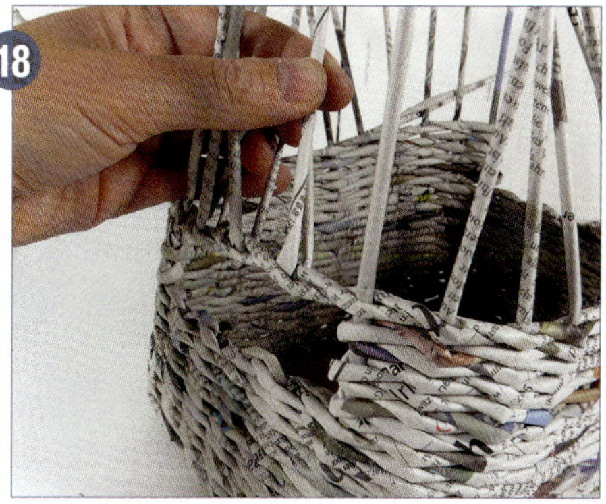

17
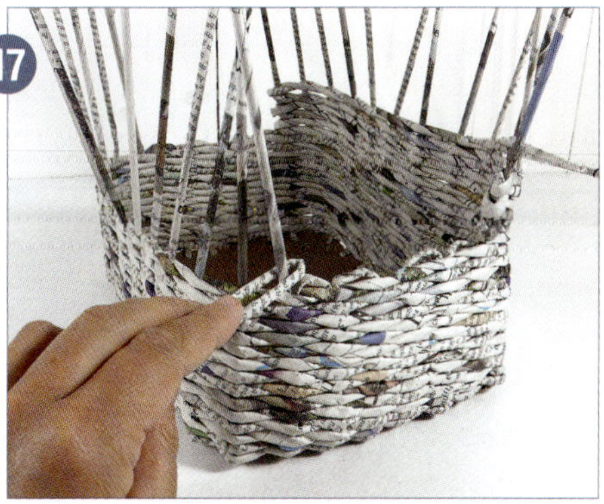

19
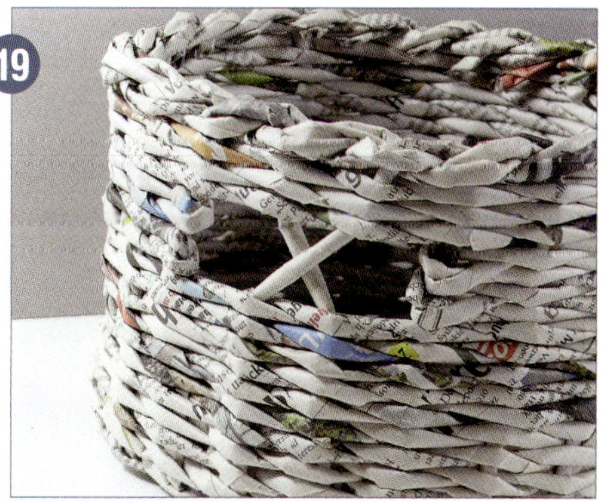

8. Farbgebung und Schutzanstriche

8.1 Die Farben des Papiers nutzen

Zunächst möchte ich dich zu einem kleinen Experiment einladen, für das du ein Blatt Druckerpapier benötigst. Teile das Blatt einmal längs und lege den Streifen quer vor dich auf den Tisch. Färbe dann zwei Ränder (ca. 1 cm) des Papiers wie abgebildet (Abb. 1) mit einem Textmarker oder einen Buntstift. Nun drehst du das Blatt um, wie in der Abbildung gezeigt (Abb. 2) (den Bereich, der auf der Rückseite mit Buntstift gefärbt ist, habe ich mit Bleistift schraffiert), und rollst den Papierstreifen wie gewohnt auf einen Schaschlikspieß – beginne von links unten (Abb. 3–4). Die Rolle sollte jetzt nahezu komplett die Farbe des gefärbten Streifens haben (Abb. 5). Wenn du mit den Farben der Rollen experimentieren möchtest, musst du also diese Tatsache kennen: Nur diese zwei Kanten des Papierstreifens sorgen später für die Farbe der Papierrolle.

Das kannst du dir in zweierlei Hinsicht zunutze machen: Du kannst komplett weiße Streifen herstellen, wenn du den unbedruckten Rand einer Tageszeitung nutzt, oder aber besonders bunte Rollen, wenn du darauf achtest, dass der entscheidende Rand deines Streifens besonders farbig ist. Jeder Papierstreifen bietet dir vier Möglichkeiten, die Farbgebung zu variieren.

Weiße Rollen

Weiße Papierrollen sind in vielen Fällen nützlich, etwa wenn du einen weißen Korb flechten oder weißes Geflecht mit bunten Elementen kombinieren möchtest. Das Großartige ist: Du musst nicht etwa deinen Vorrat an Druckerpapier plündern – du kannst aus ganz normalen Zeitungen weiße Papierrollen herstellen, ohne zusätzlich irgendwelche Farbe zu benutzen (Abb. 6).

Bunte Rollen

Aus besonders farbenprächtigen Katalogen oder Zeitschriften kannst du dir einen Vorrat an bunten Papierstangen zulegen (Abb. 7). Wenn du diese Rollen farblich sortierst, kannst du tolle Effekte erzielen!

8.2 Acrylfarbe

Fertigen Korb bemalen

Wenn du einen fertigen Korb farblich gestalten möchtest, eignet sich Acrylfarbe. Auf normalem Zeitungspapier haftet die Farbe besonders gut. Du kannst die Acrylfarbe auch ein wenig verdünnen, so erzielst du einen etwas lasierenden und blasseren Effekt, d.h. die Zeitungspapieroptik ist durch die Farbe hindurch noch erkennbar. Mache vorher einen Farbtest auf einem Blatt Zeitungspapier.
Zum Auftragen der Farbe eignen sich Borstenpinsel aus Synthetikhaar besonders gut. Um die Farbe auch in die Tiefen des Geflechts zu bringen, setzst du den Pinsel im 90°-Winkel auf das Geflecht und drückst mit den Borsten in kleinen Bewegungen in die Ritzen und Spalten der Korbfläche. Streiche auch in Flechtrichtung über das Geflecht.

Rollen vorfärben

Manchmal ist es sinnvoll, vorgefärbte Papierstangen zu verarbeiten, etwa wenn du ein farbiges Muster einarbeiten möchtest oder wenn du einen schönen Holzkorbboden hast, der nach dem Flechten keine Farbe abbekommen soll.
Insbesondere, wenn man sehr viele Rollen färben möchte, ist es ratsam, diese in ein Farbbad zu tauchen.
Manche benutzen dafür Eiermalfarben oder färben das Wasser mit Krepppapier. Ich habe die besten Erfahrungen mit verdünnter Acrylfarbe gemacht – denn so kann ich mir genau den Farbton mischen, den ich haben

1

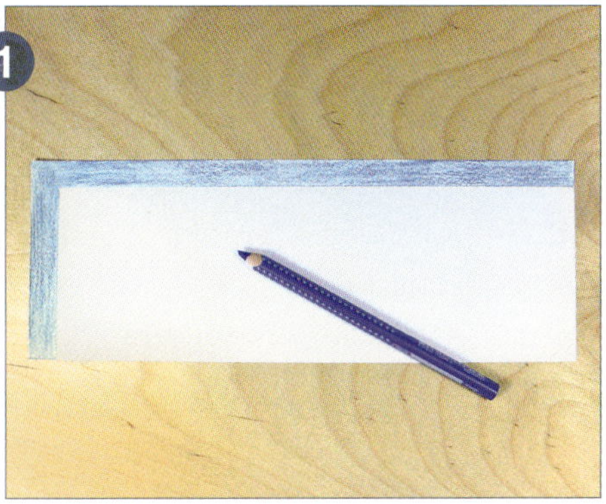

Hinweis

Da Zeitungspapier Holzfasern enthält – dunkelt es genau wie Holz mit der Zeit nach, wenn es dem Licht ausgesetzt ist. Das ursprünglich weiße Papier bekommt mit der Zeit einen gelblichen Farbton. Wenn du möchtest, dass ein Geflecht dauerhaft weiß bleibt, dann streiche weiße Lasur darauf, zum Beispiel aus stark verdünnter weißer Acrylfarbe.

2

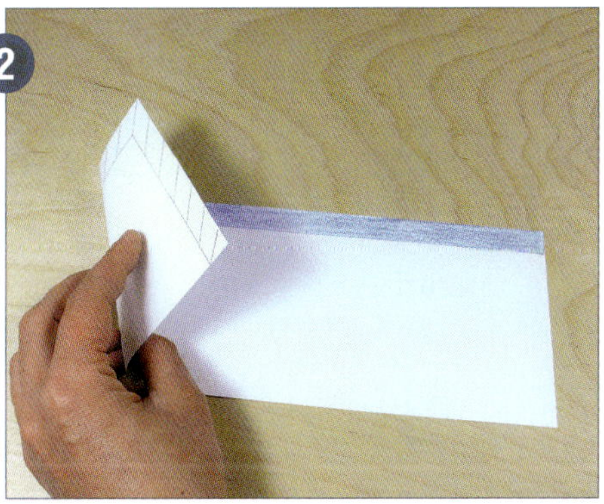

3

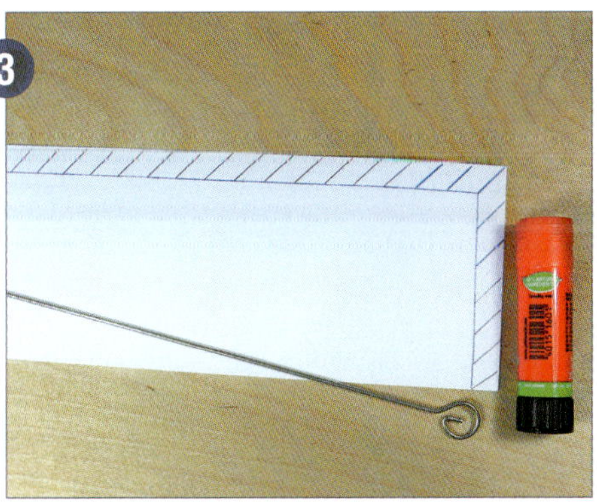

4

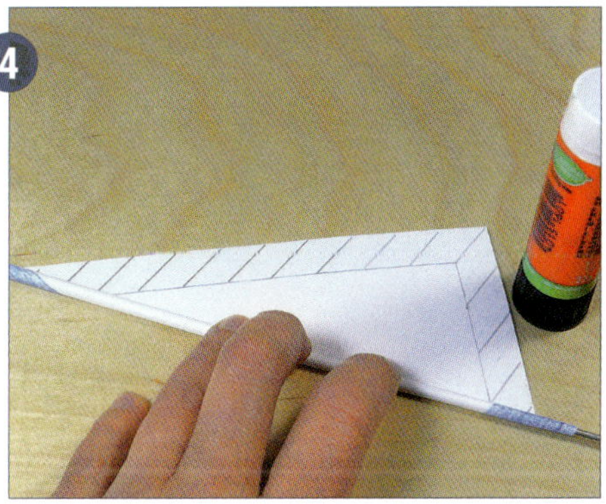

5

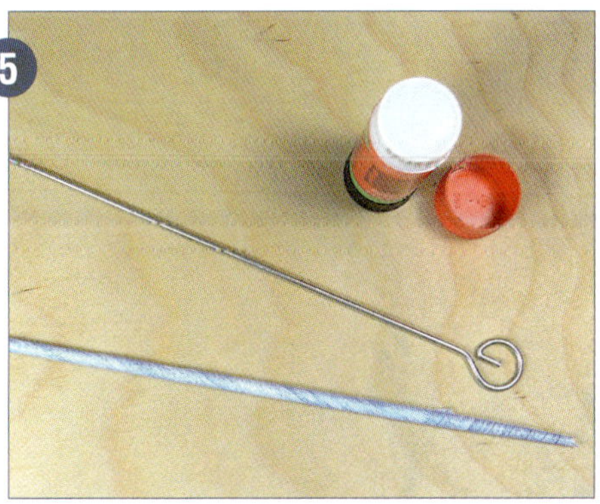

6

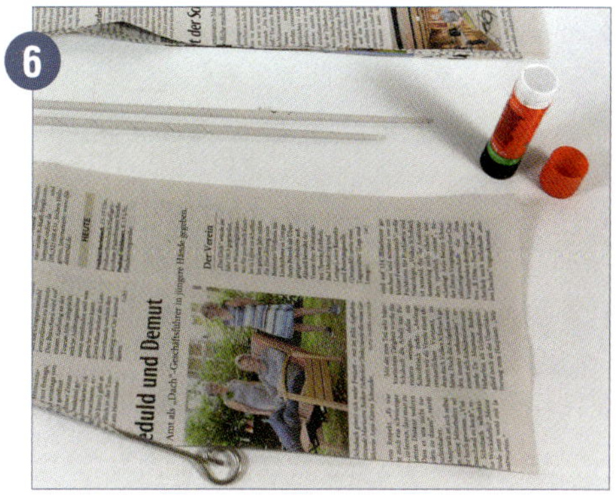

7

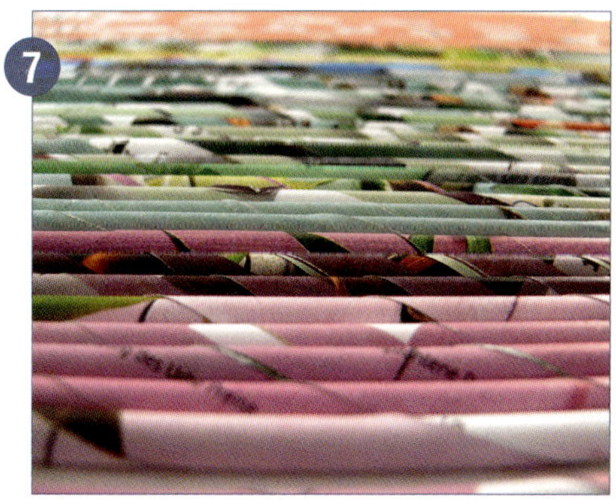

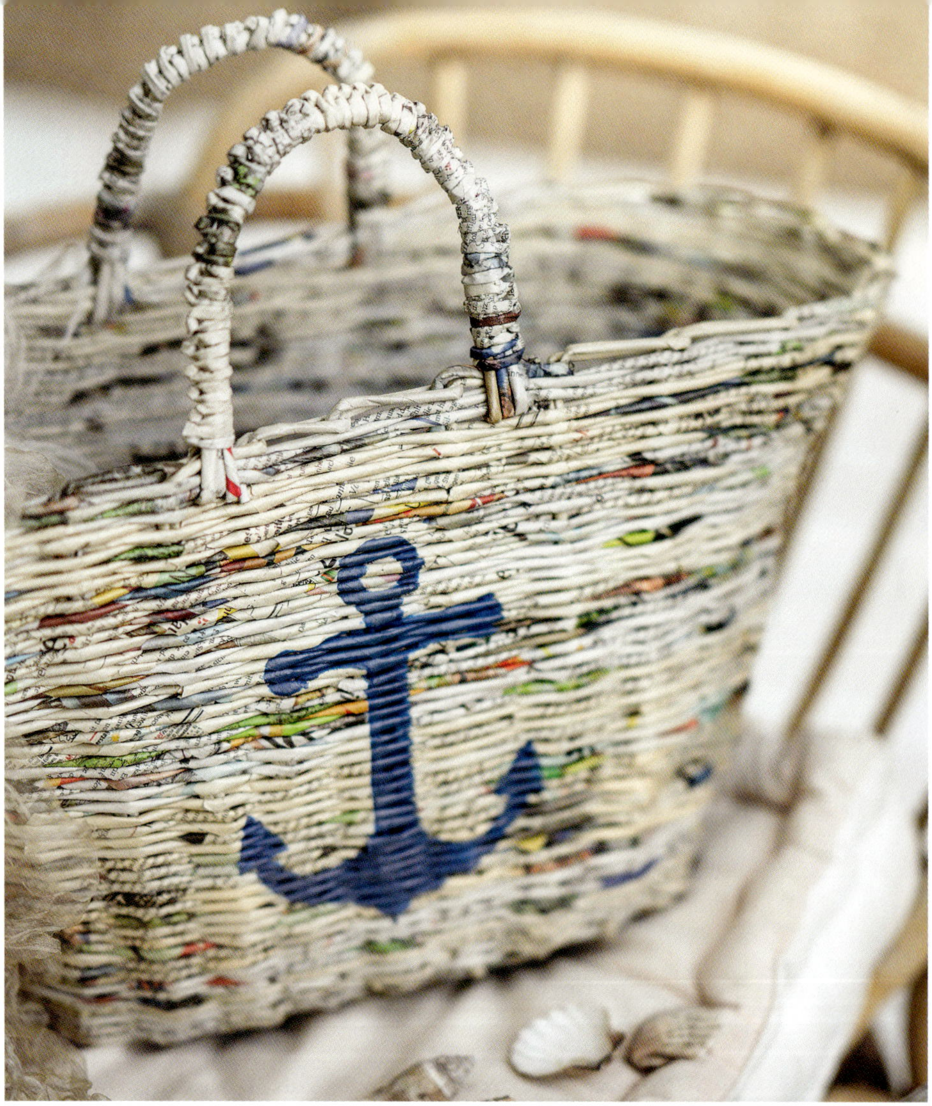

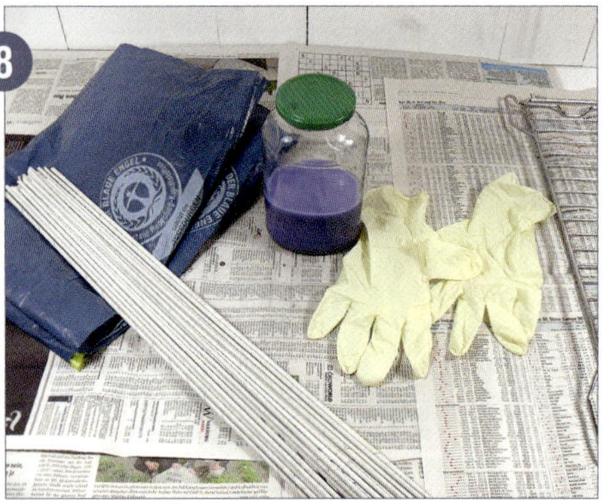
8

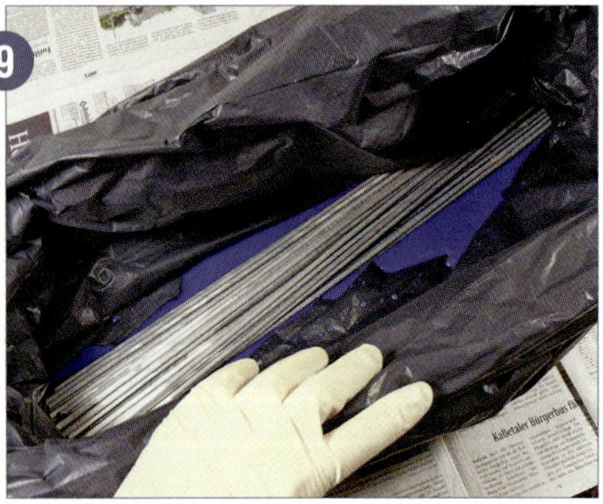
9

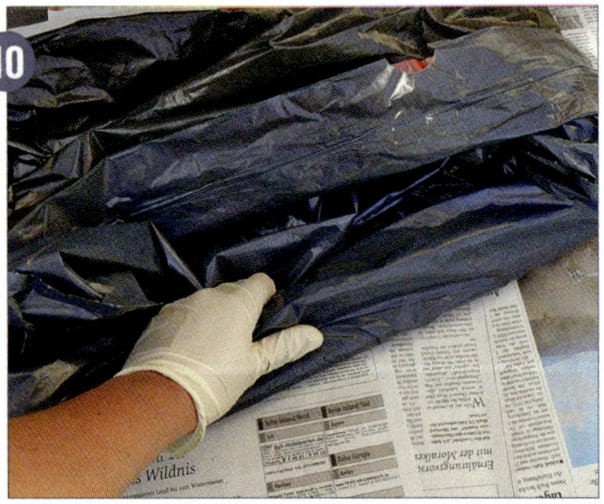
10

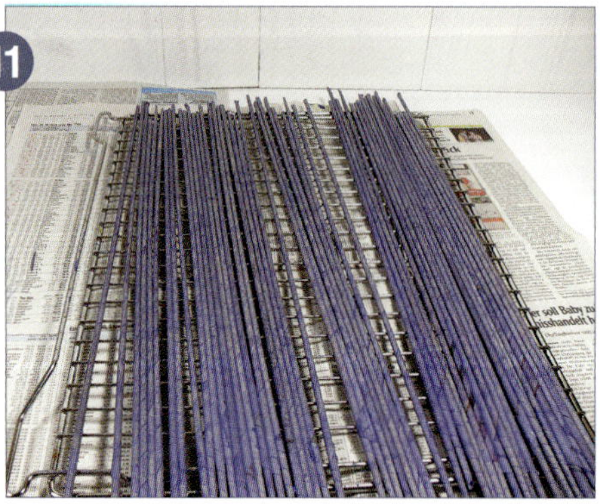
11

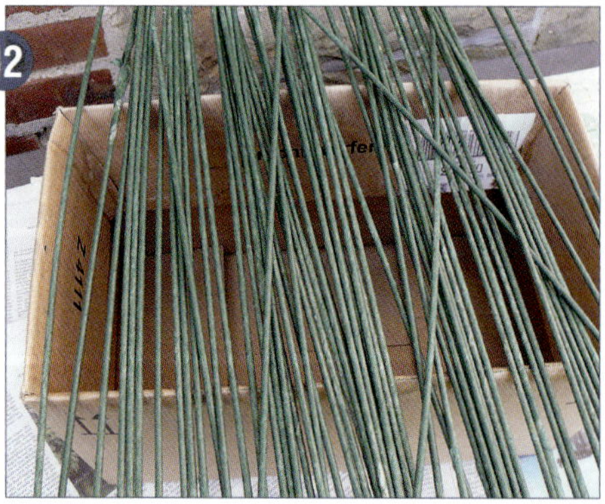
12

Mein Tipp

Um die Stangen einzutauchen, benötigst du einen Behälter, in dem die Rollen vorne und hinten nicht anstoßen. Statt des Müllbeutels kannst du auch einen Blumenkasten aus Plastik zum Eintauchen der Rollen benutzen. (Er darf natürlich keine Löcher haben!).

möchte. Je mehr man die Acrylfarbe verdünnt, desto blasser fällt später die Färbung des Papiers aus (zur groben Orientierung: ca. 1 Esslöffel Acrylfarbe auf 1/4 l Wasser). Rühre die pastöse Farbe erst mit wenig Wasser glatt und verdünne sie dann immer weiter, damit dein Farbbad später keine Klümpchen enthält (mit einem Viertelliter Farb-Wasser-Mischung lassen sich 100–150 Stangen färben). Es ist sinnvoll, erst einen Farbtest auf Zeitungspapier zu machen, bevor man die Stangen färbt (Abb. 8).

Decke zunächst den Tisch dick mit Zeitungspapier ab. Forme dann einen großen, stabilen Müllbeutel zu einer langen, schmalen Wanne, gieße das Farbbad hinein und gebe die Stangen dazu (Abb. 9). Nun solltest du Plastikhandschuhe tragen. Rolle die Stangen vorsichtig in der Farbe hin und her (Abb. 10). Manchmal lösen sich beim Eintauchen der Papierrollen ins Farb-Wasser-Gemisch einzelne Klebestellen. Drücke diese Ecken einfach wieder an – die nassen Stangen behalten ihre Form.
Lasse die gefärbten Rollen über dem Färbebad gut abtropfen und lege sie zum Trocknen auf ein altes Kuchengitter (Abb. 11) oder kreuz und quer über einen offenen Karton (Abb. 12). Kontrolliere während des Trocknens ab und zu, ob die Stangen zusammenkleben und löse eventuelle Verklebungen. Um die übrig gebliebene Farbe aus dem Müllsack schütten zu können, schneide ich ein Loch in den Boden des Beutels und gieße die Farbe in ein Marmeladenglas (Abb. 13) – ich bewahre sie auf für den Fall, dass ich doch mehr Stangen als zunächst vermutet brauche oder falls ich am fertigen Korb einzelne Stellen noch ausgebessern möchte. Das Loch im Müllbeutel kannst du bei der nächsten Verwendung mit einer Wäscheklammer oder einem Haushaltsgummi verschließen (Abb. 14).

Schablonieren

Auf größeren Korbflächen sehen aufschablonierte Motive sehr dekorativ aus. Du benötigst dafür eine Schablone aus (Zeitungs-)Papier.
Befestige das Blatt Papier mit Stecknadeln sorgfältig auf der Korbfläche. Der Rand des Motivs muss überall sehr eng am Korb anliegen, verwende lieber ein paar Nadeln zu viel als zu wenig! Gib etwas Acrylfarbe (Wandfarbe/Buntlack/Holzlasur) in einen Marmeladenglas-

13

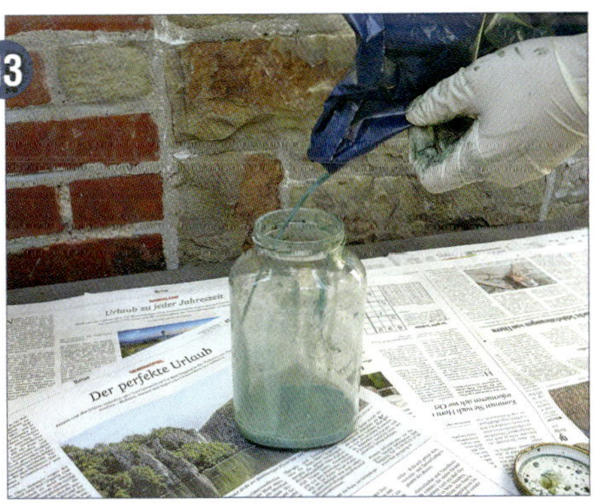

14

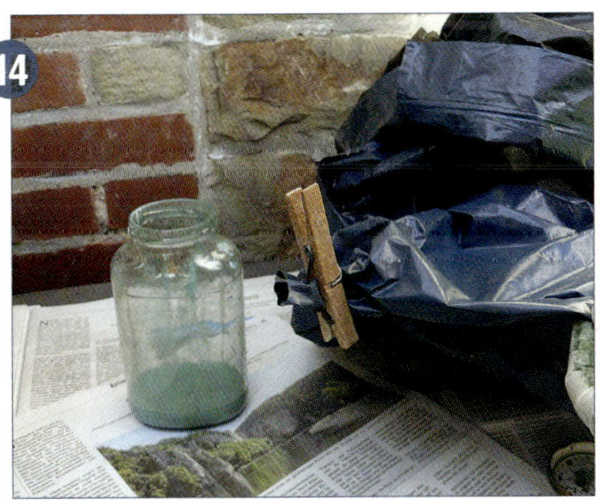

Mein Tipp

Bei den vorgefärbten Rollen verkleben die Enden oft ein bisschen – das kann Schwierigkeiten beim Ineinanderfügen der Flechtstränge machen. Du brauchst Hilfe? Dann blättere zurück auf S. 10.

deckel oder auf einen alten Unterteller und verstreiche die Farbe mit einem Synthetikborstenpinsel so, dass die Farbe gut im Pinsel verteilt ist und die Borsten farbig, aber recht trocken aussehen. Tupfe oder streiche die Farbe nun auf die vorbereitete Schablonenfläche (Abb. 15) – die Pinselbewegungen sollten von der Schablone in Richtung der Korbfläche erfolgen. Lass das Motiv trocknen und nimm erst danach die Schablone ab (Abb. 16). Falls notwendig, kannst du mit einem feinen Pinsel nun das Motiv ein wenig nachbessern.

Mein Tipp

Wenn du noch nie schabloniert hast, solltest du die Technik erst einmal auf einer Zeitung üben. Für kleinere Motive oder für gerade Streifen kannst du auch Malerkrepp verwenden (Abb. 17).

PRAXISTIPP: Sprühfarbe eignet sich besonders gut zum Färben von Korbgeflecht, weil der Sprühnebel in alle Ritzen vordringt. Meist braucht es zwei Sprühdurchgänge, bis der Korb gleichmäßig gefärbt ist. Zum Schablonieren auf Korbflächen eignet sich Sprühfarbe nur bedingt, weil die Farbe unter die Schablone laufen könnte. Unbedingt vorher testen!

8.3 Versiegeln und Schützen

Um Körbe vor Abnutzung, Schmutz oder Wassertropfen zu schützen, kann man verschiedenste Schutzlacke, z. B. von Marabu, verwenden. Serviettenlack oder andere Lacke auf Wasserbasis verursachen einen leichten Glanz und schützen gut, verändern aber die Farbe des Geflechtes etwas – es wird ein wenig dunkler und bekommt einen leicht gelblichen Farbton. Ich verwende sie besonders gern an stark beanspruchten Stellen wie Griffen oder Henkeln. Sprühlacke auf Lösungsmittelbasis riechen zum Teil sehr unangenehm, verändern aber die Farbe nicht so stark.

8.4 Lebensmittelechte Farbe/Lacke

Wenn du einen Korb flechtest, der später mit Lebensmitteln in Berührung kommen wird, musst du dir Gedanken über die Lebensmittelverträglichkeit der Korboberfläche machen. Acrylfarben oder Serviettenlack eignen sich in diesem Fall nicht, ebenso wenig unbehandeltes Zeitungspapier.
Ich verwende zum Färben zum Beispiel eines Obstkorbs Farbe oder Lasur, die sich zur Herstellung von Kinderspielzeug eignet.

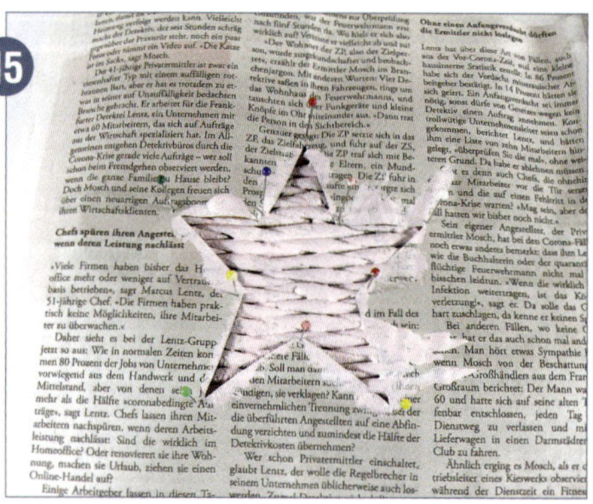

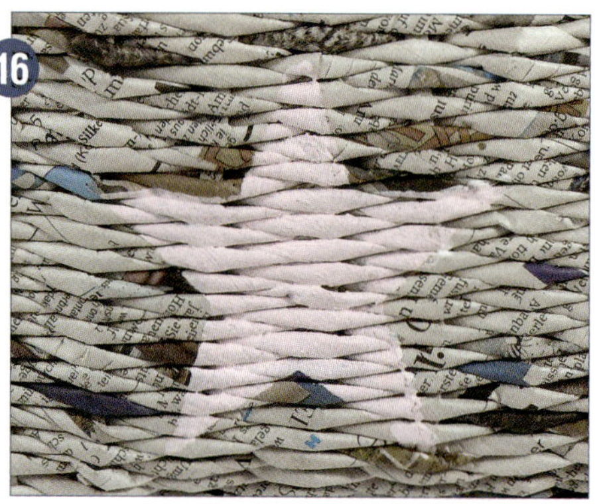

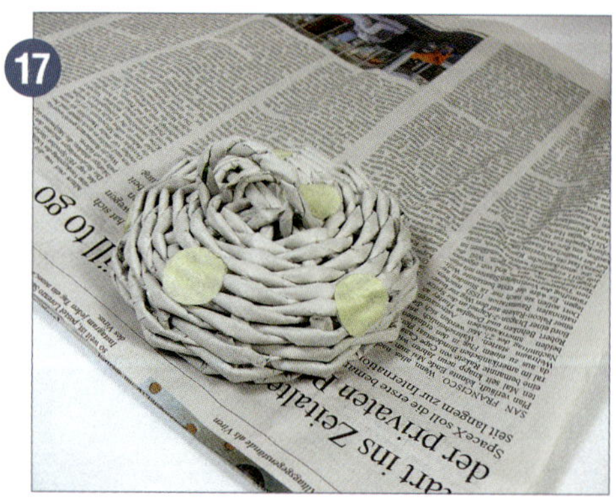

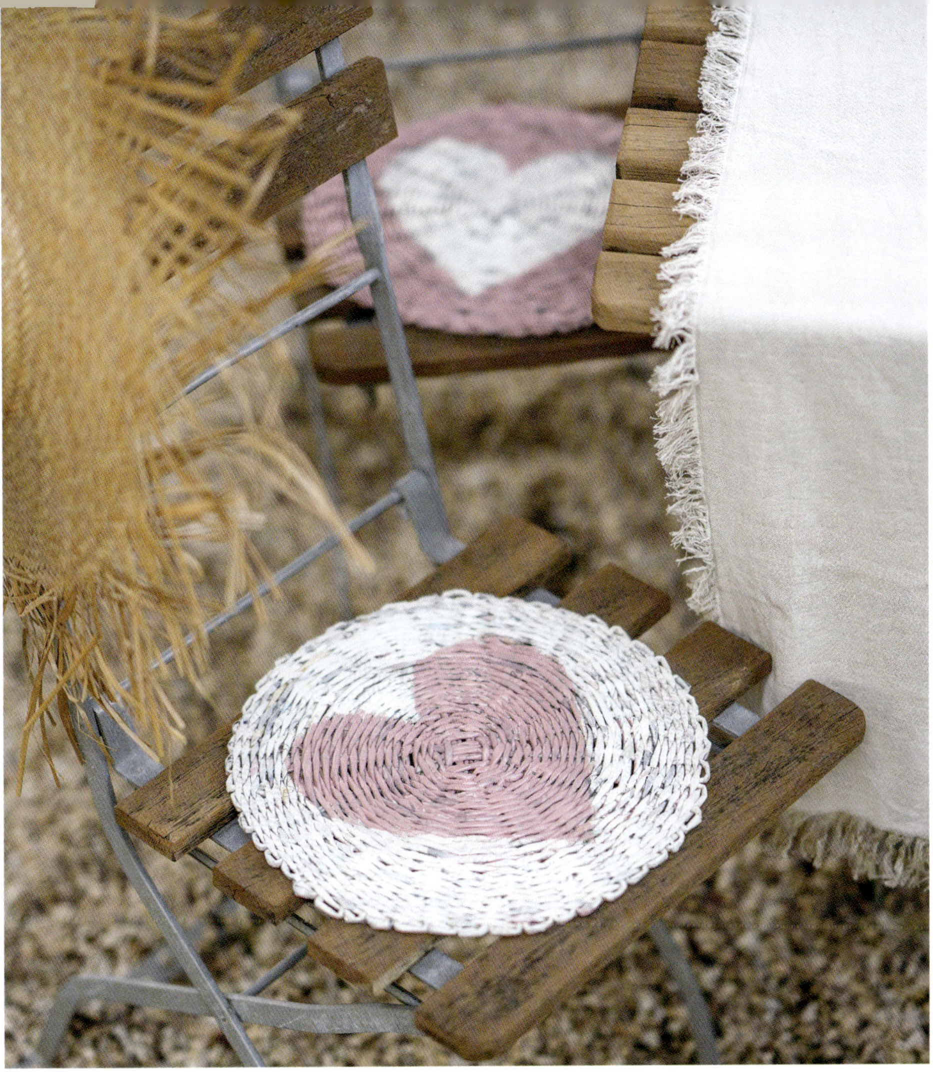

18

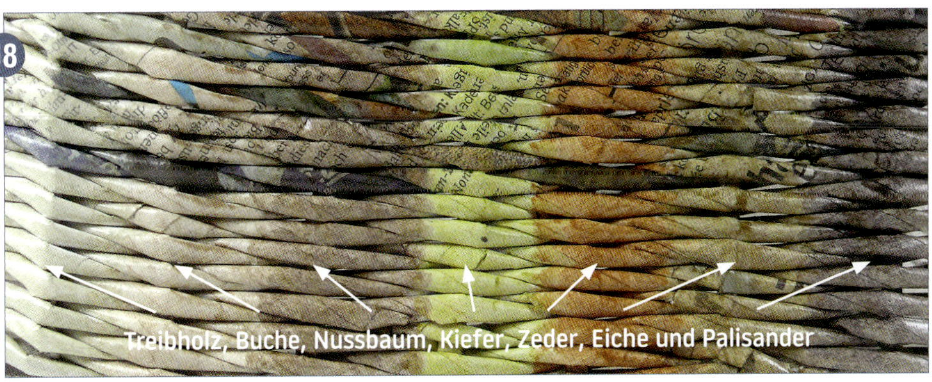

8.5 Holzlasur

Mit Holzlasur behandelte Geflechte erscheinen je nach Farbwahl beinahe wie solche aus Korbweide, Peddigrohr oder anderen natürlichen Materialien. Das Ergebnis glänzt stark. Wenn du eine sehr dunkle Lasur verwendest, stört es nicht, wenn die Papierrollen bedruckt sind, die Lasur deckt dann alle Farbe ab – nur Rot schimmert manchmal ein wenig durch. Wenn du eine helle Lasur benutzen möchtest, solltest du weiße Papierstangen anfertigen – es sei denn, du willst, dass Buchstaben oder Farbe zu sehen sind.

Bedenke bei der Wahl der Lasur, dass die Farbkarten in der Regel zeigen, wie die Lasur auf Holz wirkt. Sie kann also etwas heller ausfallen, wenn du sie auf weißes Flechtwerk streichst. Probiere den Farbton unbedingt erst auf einem Stück Zeitung aus, bevor du dein fertiges Werk damit bepinselst!

Ich persönlich arbeite gern mit den Holzfarben der Firma PNZ (Abb. 18): Sie sind auch in kleinen Mengen erhältlich, riechen wenig und lassen sich sehr gut verarbeiten. Außerdem sind verschiedene, auch bunte Farbtöne erhältlich, die untereinander mischbar sind.

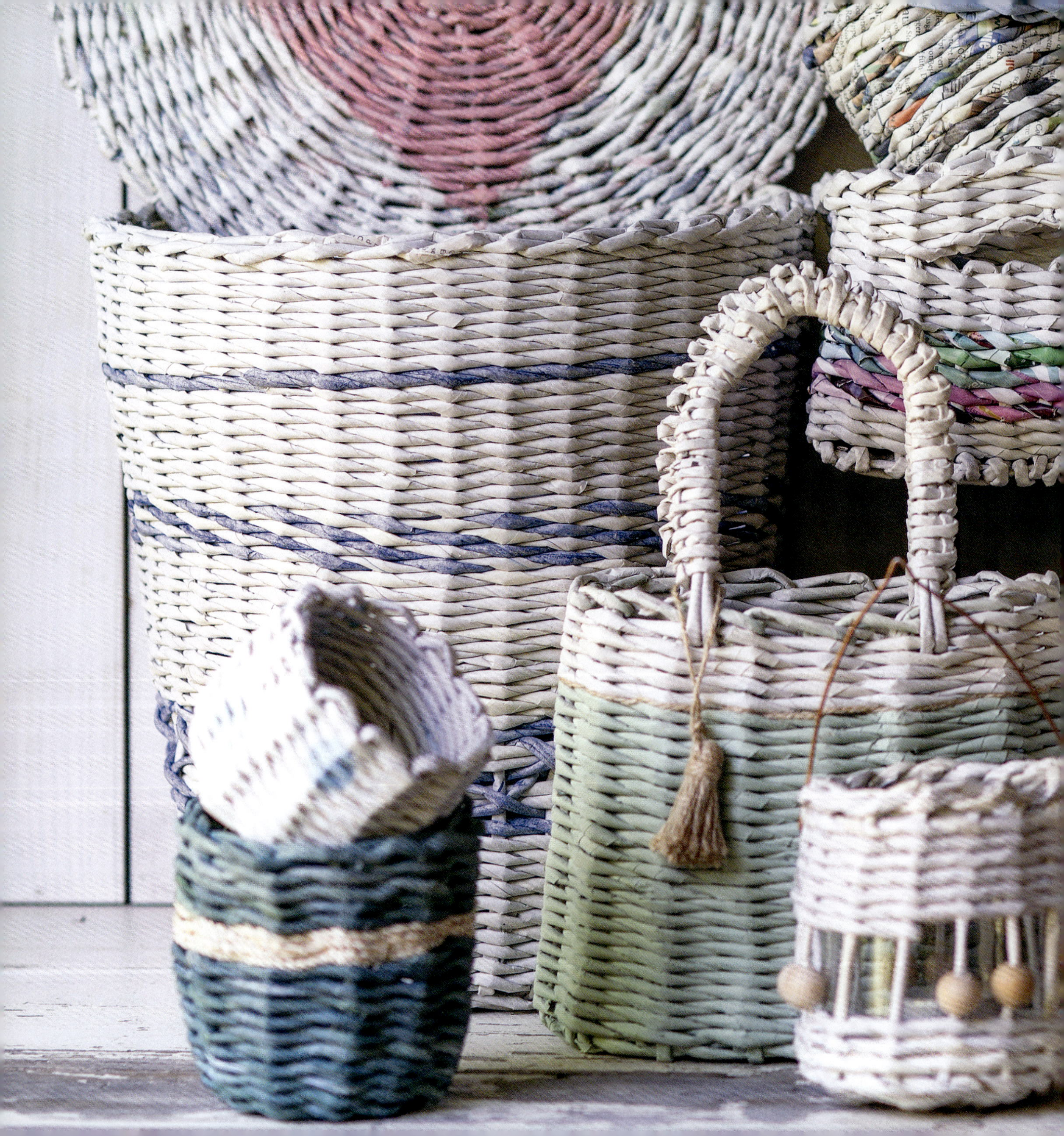

Die Modelle

Aus den verschiedenen Elementen, die im Anleitungsteil beschrieben sind, lassen sich sehr viele unterschiedliche Körbe entwerfen. Die von mir gezeigten Modelle sollen dir in erster Linie als Inspirationsquelle für deine eigenen Projekte dienen. Gerade bei der farblichen Gestaltung gibt es unendlich viele Möglichkeiten!

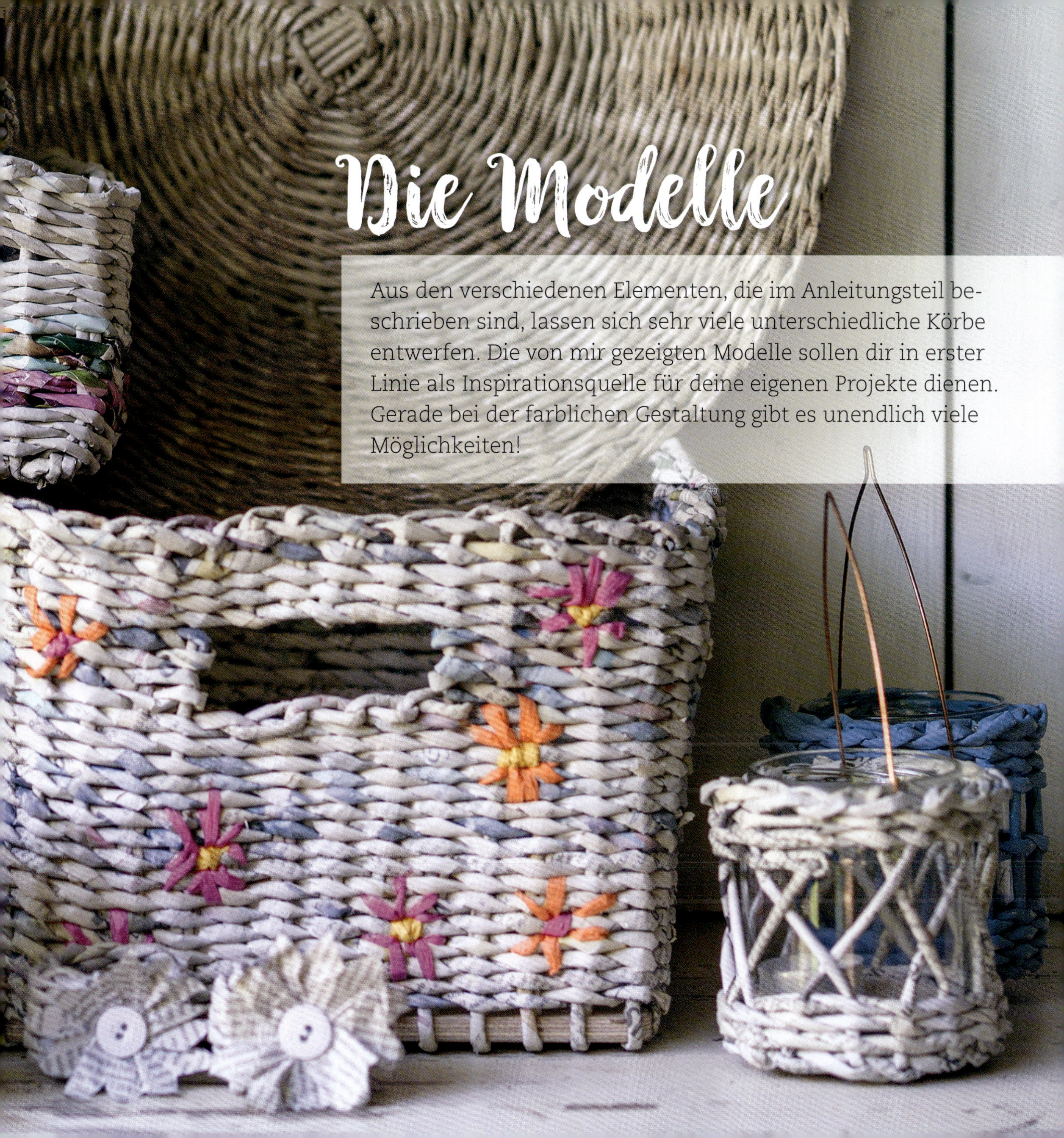

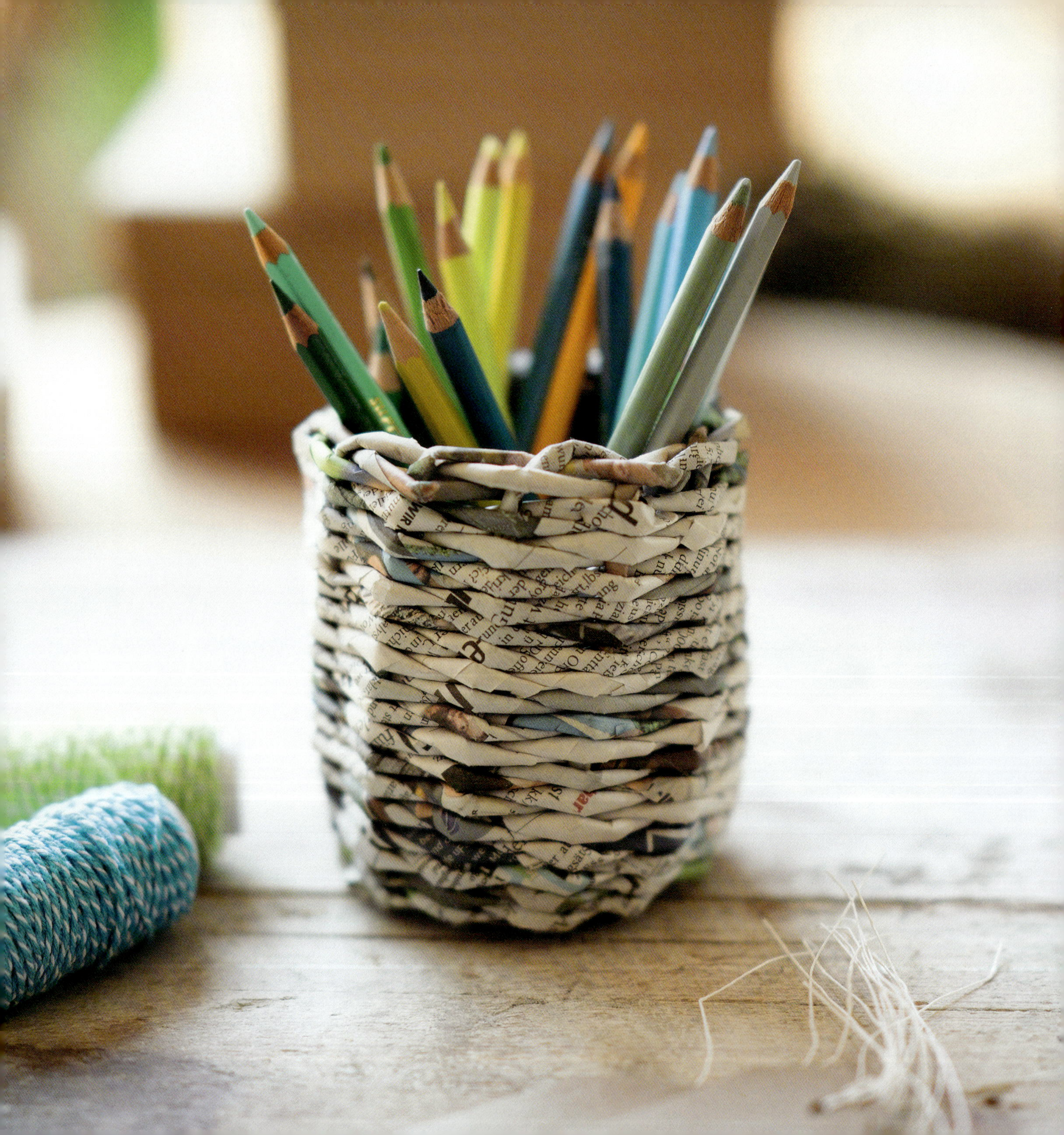

Basic-Körbchen – das erste Projekt

Technischer Schwierigkeitsgrad ★ Ausdauer ★ Farbgebung ★

Falls du noch nie einen Korb geflochten hast, solltest du unbedingt zuerst dieses praktische kleine Körbchen umsetzen. Du lernst hier die wichtigsten Grundtechniken kennen und hältst schon nach eineinhalb bis zwei Stunden dein erstes selbst geflochtenes Teil in den Händen!

DU BRAUCHST

- Zwei Kreise aus Pappe (Durchmesser 8 cm)
- 20 lange Rollen aus Zeitungspapier (Länge ca. 50 cm), 12 kurze Rollen (Länge ca. 25 cm)
- Eine Schere
- Einen Klebestift und/oder einen guten Flüssigkleber

WICHTIGE INFO

- „Zeitungspapierrollen" sind in der Anleitung immer Zeitungspapierstangen, hergestellt wie auf S. 10 beschrieben. Sie sind rund 50 cm lang (die Menge der Rollen muss entsprechend erhöht werden, wenn die Rollen kürzer, oder verringert werden, falls die Rollen länger sind.)
- „Kurze Rollen" habe ich aus halbierten Zeitungspapierstreifen hergestellt, d. h. sie sind ungefähr 25 cm lang.

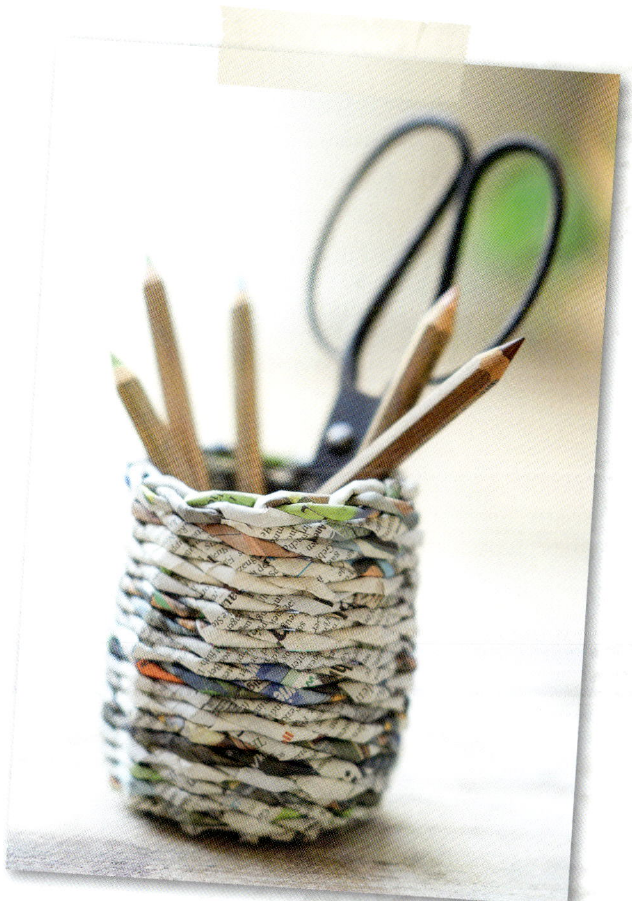

SO GEHT'S

1. Klebe die 12 kurzen Papierrollen sonnenförmig in gleichmäßigen Abständen auf den Pappkreis – so wie die Ziffern einer Uhr (siehe Abb. 1 auf S. 21). Die aufgeklebten Stangen werden das Grundgerüst deines Korbes. Man bezeichnet sie als „Staken". Befestige den zweiten Pappkreis mit Flüssigkleber auf dem ersten, sodass die Stakenenden nicht mehr zu sehen sind (siehe Abb. 3 auf S. 21). Drücke alles gut an und warte, bis der Kleber getrocknet ist.

2. Nun kannst du mit dem eigentlichen Flechten beginnen: Lies dir die Anleitung „Flechten mit zwei Strängen" ab S. 14 genau durch und arbeite mit gleichmäßigen Handbewegungen. Wenn eine der Papierrollen bis auf wenige Zentimeter verflochten ist, nimmst du die nächste und schiebst diese vorsichtig mit einer leichten Drehbewegung in das Ende der vorherigen Stange (siehe S. 13). Arbeite dich spiralförmig nach oben und drücke dabei immer wieder mit Kraft das Geflecht nach unten zusammen.

3. Wenn das Körbchen die gewünschte Höhe erreicht hat (spätestens, wenn die Staken noch 8 cm lang sind), hörst du mit dem Flechten auf – die Enden der Flechtstränge kannst du zum Schluss einfach abschneiden.
Jetzt arbeitest du den Rand. Auf Seite 26 findest du mehrere Möglichkeiten für Randabschlüsse. Wähle den Rand aus, der dir gefällt! Ich habe mich für den Korbflechterrand entschieden.

Herzlichen Glückwunsch, dein erster Korb ist fertig! Bist du überrascht, wie stabil und fest sich Flechtwerk aus normalem Papier anfühlen kann? Hast du Lust bekommen, noch mehr praktische Dinge aus Papierstangen zu fertigen? Dann auf zum nächsten Flechtprojekt!

VARIANTEN

- Wie wäre es mit einem Körbchen aus Zeitschriftenpapier? Oder mit einer Kombination aus weißen Zeitungspapierrollen und bunten Prospektpapierstangen (siehe S. 34)?
- Du kannst einen größeren Boden in einer beliebigen Form (rund, oval, eckig) herstellen und höhere Korbwände flechten. Oder ein kleines Tablett mit ganz niedrigen Korbwänden.
- Wenn du magst, gestalte dein Zeitungspapierkörbchen mit Holzlasur oder Acrylfarben bunt.
- Versuche es doch einmal mit dem eckigen Körbchen auf S. 78! Den geflochtenen Boden kannst du durch einen quadratischen Pappboden ersetzen.

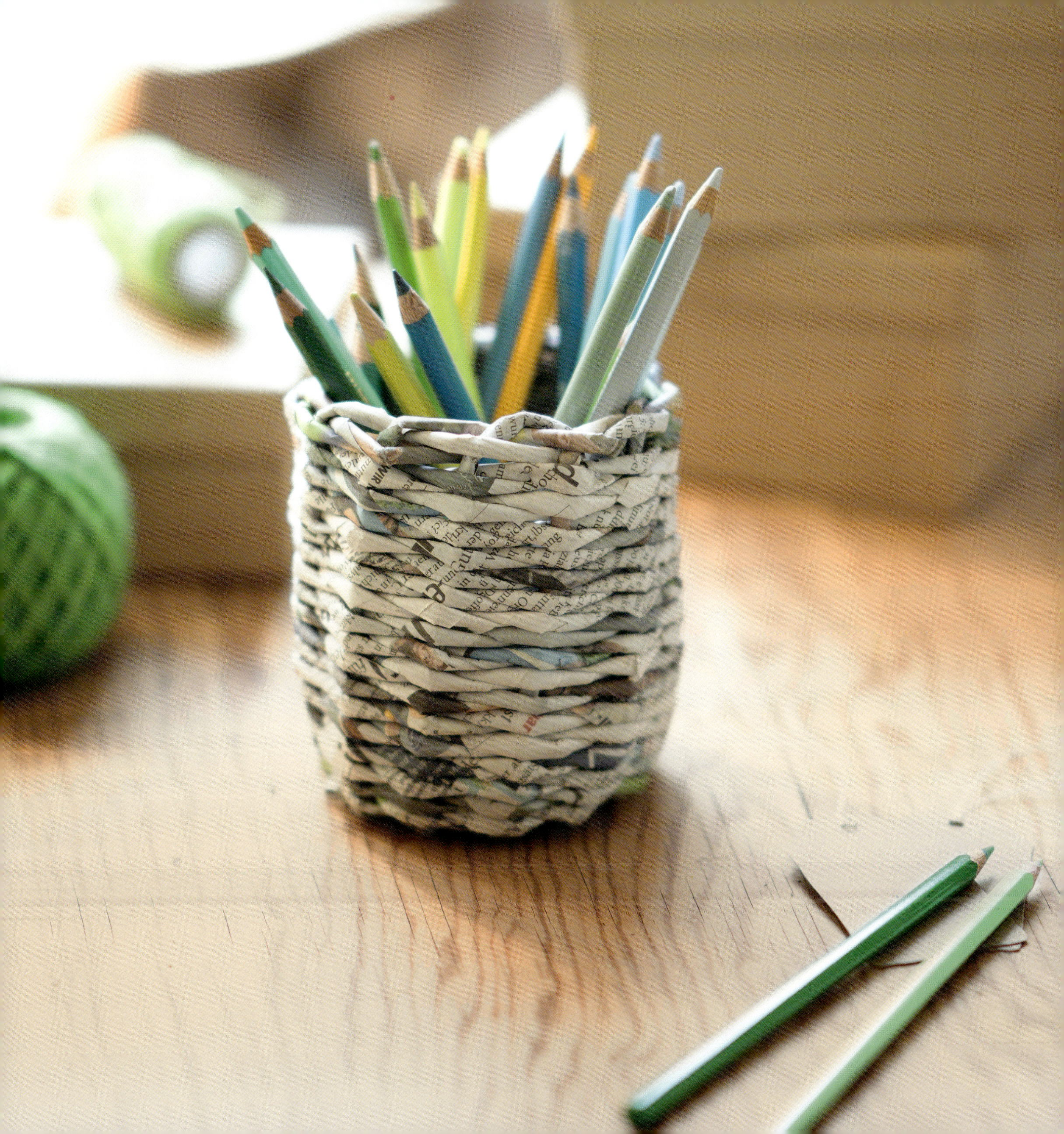

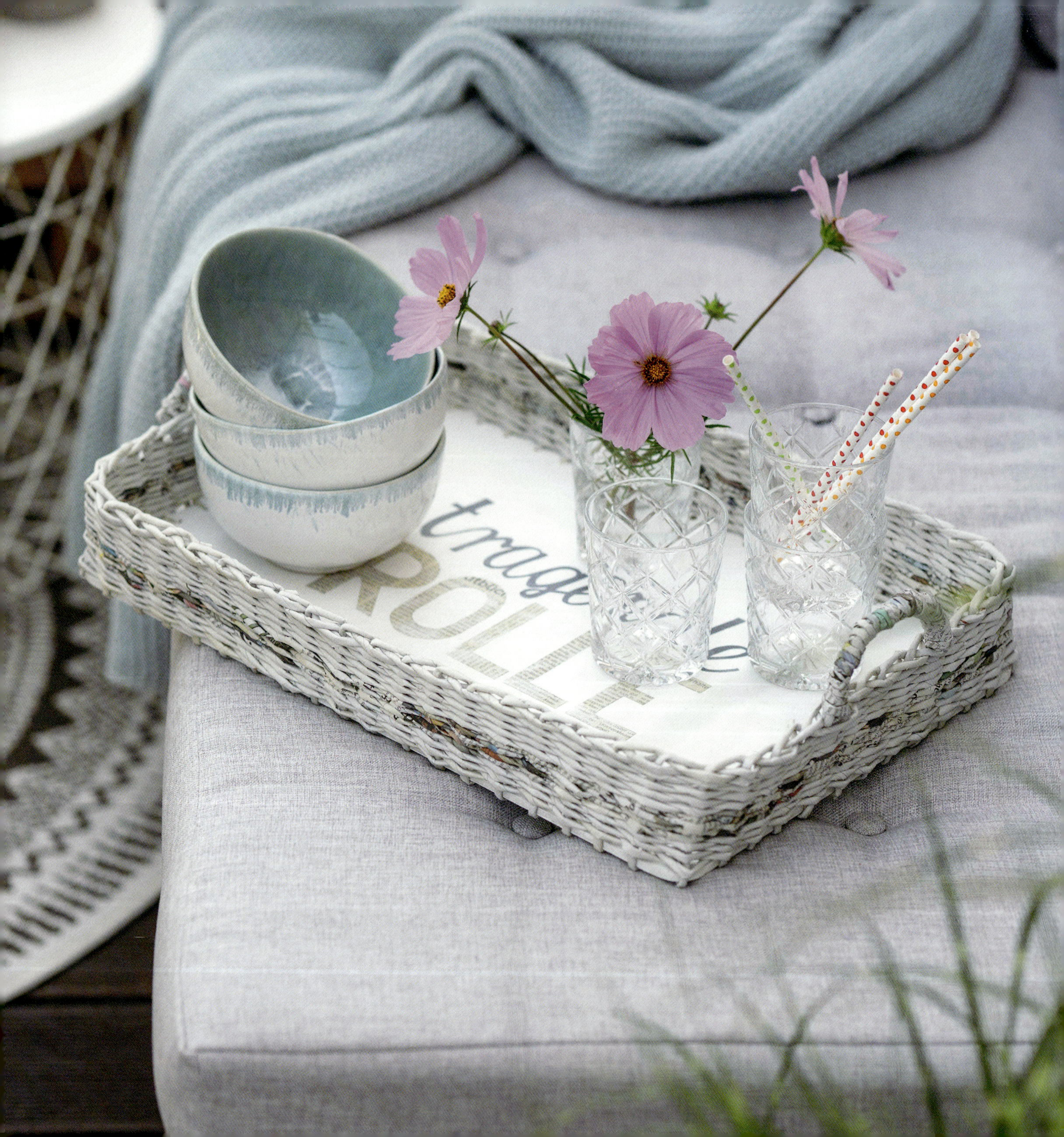
trage

Tragende Rolle – ein Tablett

Technischer Schwierigkeitsgrad ★ Ausdauer ★★ Farbgebung ★★

Dieses Tablett ist nicht schwierig zu realisieren und sehr praktisch. Die Bodenfläche bietet viel Platz für eigene Gestaltungsideen. Ich habe mich für einen Schriftzug entschieden, der jedem zeigt, dass Papier hier die tragende Rolle spielt.

DU BRAUCHST

- Einen Sperrholzboden in der Größe 49 cm x 31 cm mit gelochtem Rand (siehe S. 20)
- Weiße Acrylfarbe und Pinsel
- Ca. 100 weiße und bedruckte Zeitungspapierstangen (siehe S. 34), ca. 60 kurze Stangen als Staken
- 4 mit Draht verstärkte Zeitungspapierrollen (siehe S. 13) für die Henkel
- Für das Lettering in der Mitte: einen wasserfesten Permanentmarker mit feiner Spitze in Schwarz, Klarlack und Pinsel, eine ausgedruckte Vorlage des Schriftzuges (Download unter www.pirlipause.de), Bleistift, Schere, Zeitung, Malerkrepp oder Maskingtape
- 4 dicke Möbel-Filzgleiter

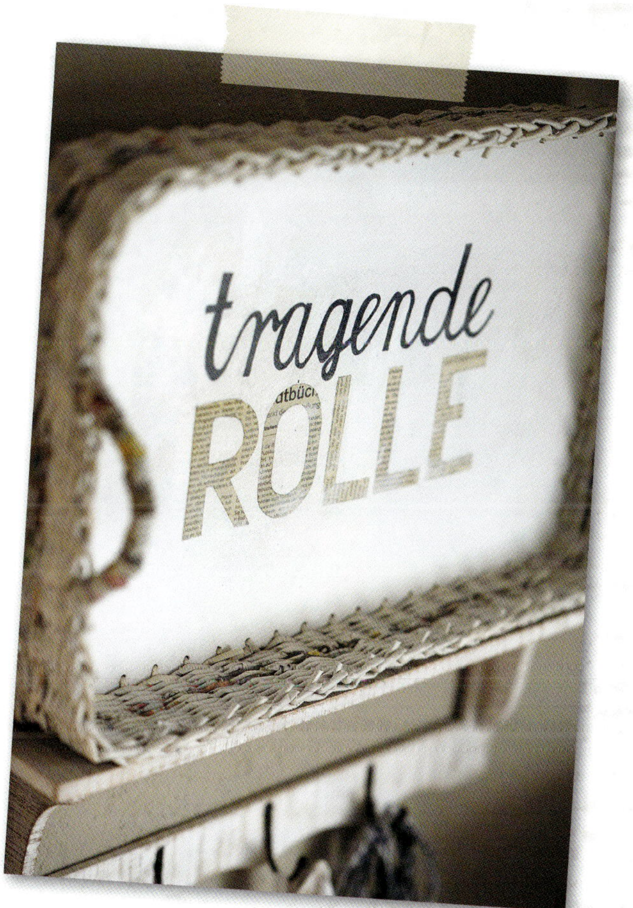

1
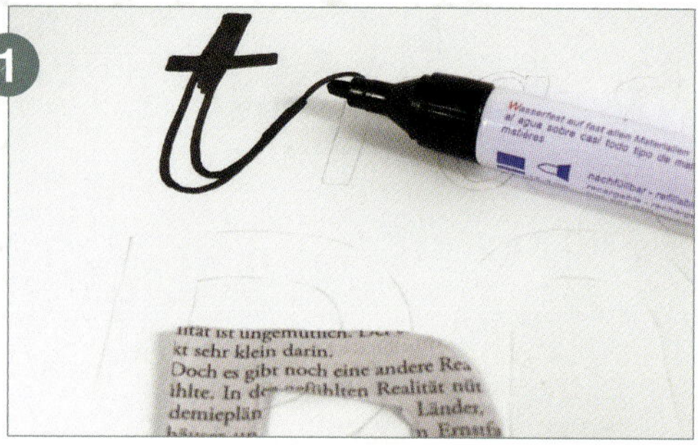

2
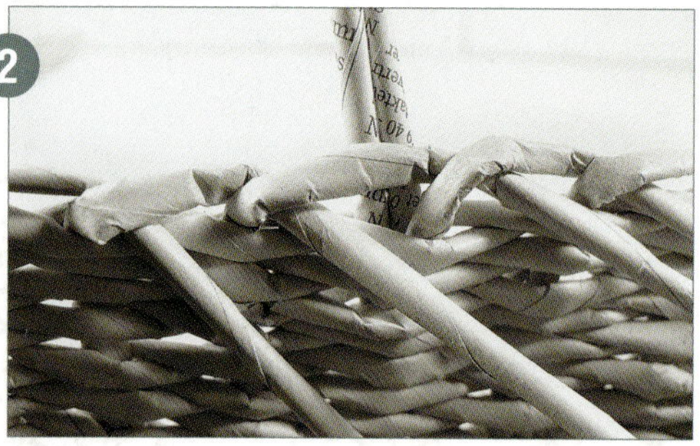

3
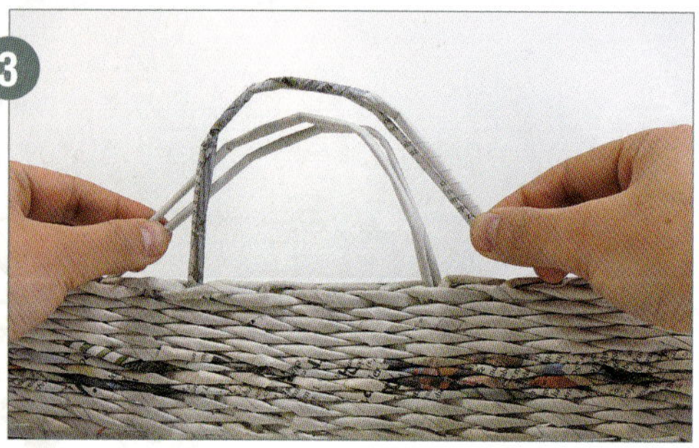

4
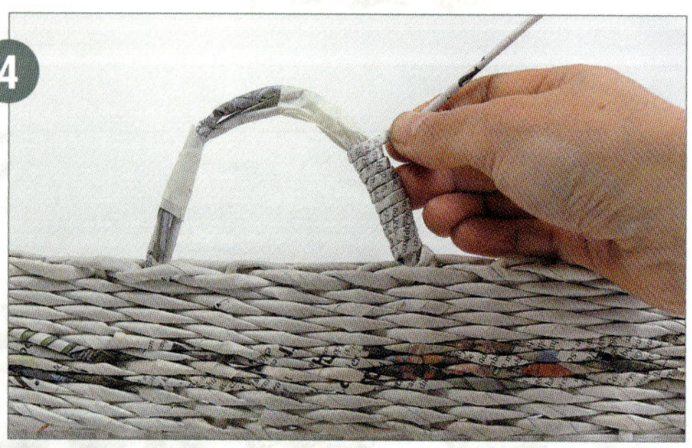

SO GEHT'S

1. Streiche den Sperrholzboden mit weißer Acrylfarbe. Deckt sie nicht ausreichend, so ist ein zweiter Anstich nötig. Achte darauf, dass eine schöne gleichmäßige Fläche entsteht.

2. Jetzt kommt das Lettering: Zeichne die Linien des Schriftzuges auf der Vorlage sehr sorgfältig mit dem Bleistift nach (etwas aufdrücken dabei!). Zentriere das Blatt jetzt genau mittig mit der bleistiftbemalten Seite nach unten auf dem weißen Brett und klebe es mit einem wiederablösbaren Klebeband fest. Zeichne nun mit dem Bleistift auf der Blattrückseite alle Linien sorgfältig nach. Wenn du das Blatt ablöst, ist der Schriftzug richtig herum auf dem Brett zu erkennen.

3. Das Blatt Papier brauchst du noch einmal, um das Wort „Rolle" aus einer Zeitung auszuschneiden: Lege es auf eine Zeitung (achte darauf, dass es ein Teil der Zeitung ist, der aus reinem Text besteht) und übertrage die Buchstaben auf die Zeitung. Schneide dann die Buchstaben aus und klebe sie mit Klebestift an die bezeichnete Stelle auf dem Brett.

4. Fülle das Wort „tragende" sorgfältig mit dem wasserfesten Marker aus und lasse es trocknen (Abb. 1). Überziehe das Tablett danach mit einer dünnen Milch aus verdünnter weißer Acrylfarbe. Ist die Acrylfarbe getrocknet, bepinselst du das ganze Brett mit durchsichtigem Lack.

5. Befestige die kurzen Stangen als Staken am Tablettboden (siehe Abb. 4–5 auf S. 21). In die vier Löcher, in denen die Henkel verankert werden sollen, steckst du nicht nur eine kurze Stake, sondern zusätzlich eine der langen drahtverstärkten Papierstangen (siehe Tipp auf S. 28). Die beiden Enden der langen Stake sollen gleich weit nach oben ragen. Alle Stangen in diesem Loch werden wie eine einzige dicke Stake umflochten.

6. Ich habe bei meinem Tablett mit weißen und bedruckten Papierstangen ein Streifenmuster geflochten: erst drei Reihen ganz weiße Rollen, dann drei Reihen im Zeitungslook und zuletzt noch einmal weiße Rollen. Achte insbesondere beim Flechten der Ecken darauf, dass dir die Form gut gelingt, drücke und knete alles immer wieder in die richtige Position.

7. Wenn dein Tablettrand die gewünschte Höhe hat, arbeitest du einen Korbflechterrand (siehe S. 26). Hierfür müssen die Staken noch mindestens 8,5 cm lang sein. An den Henkeln verarbeitest du jeweils nur die kurze Stange. Die drahtverstärkten Stangen bleiben erst einmal noch stehen (Abb. 2).

8. Nun sind die Henkel dran: Forme aus den hochstehenden Enden der drahtverstärkten Papierstangen die Henkel (Abb. 3) und fixiere sie mit Wäscheklammern oder Malerkrepp. Befestige jeweils eine neue Papierstange an einem Henkelansatz und umwickle die Bögen gleichmäßig (siehe S. 28) – die Wäscheklammern entfernst du währenddessen nach und nach. Falls du Malerkrepp verwendet hast, solltest du diesen so dicht umwickeln, dass man hinterher nichts mehr davon sieht (Abb. 4).

9. Wenn du verhindern möchtest, dass das Tablett mit der Zeit vergilbt, kannst du dem mit einer Lasur aus verdünnter weißer Acrylfarbe vorbeugen (siehe Tipp auf S. 35). Trage zum Schluss einen Lack auf das Geflecht auf (besonders am Henkel nicht damit sparen!) und schütze so dein Tablett gegen Abnutzung der Henkel und Feuchtigkeit.

10. Um dafür zu sorgen, dass die Papierstaken auf der Tablettunterseite bei intensiver Nutzung nicht durchscheuern, klebe unter alle vier Ecken einen dicken Möbel-Filzgleiter.

Mein Tipp

Falls du nicht die Möglichkeit hast, ein zugeschnittenes Brett zu bekommen und mit Löchern zu versehen, kannst du dir zwei gleich große Stücke stabile Pappe besorgen (zum Beispiel Graupappe der Stärke 2,7 mm) und die Staken mit einem guten Kleber zwischen die Pappen kleben. Nur die Henkel sollten unbedingt mithilfe von vier Löchern im Pappboden verankert werden.

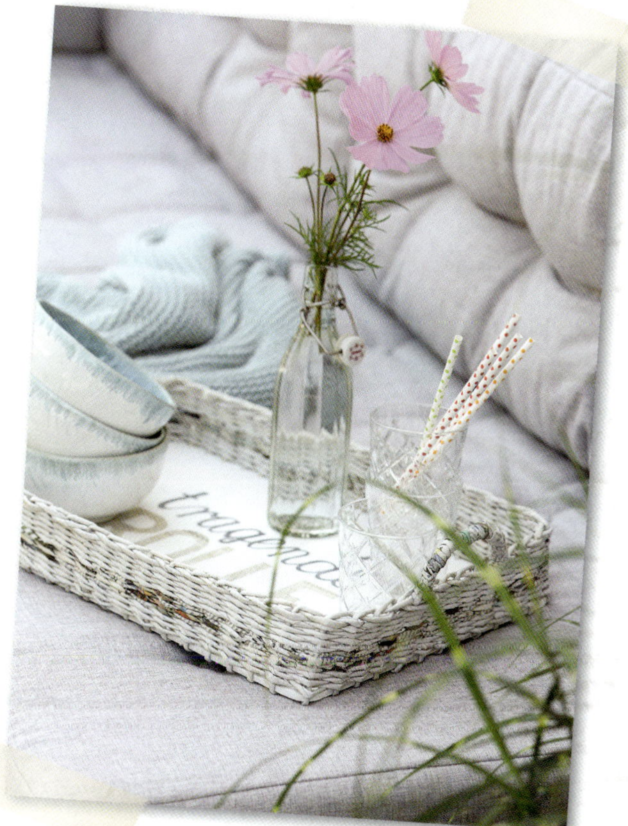

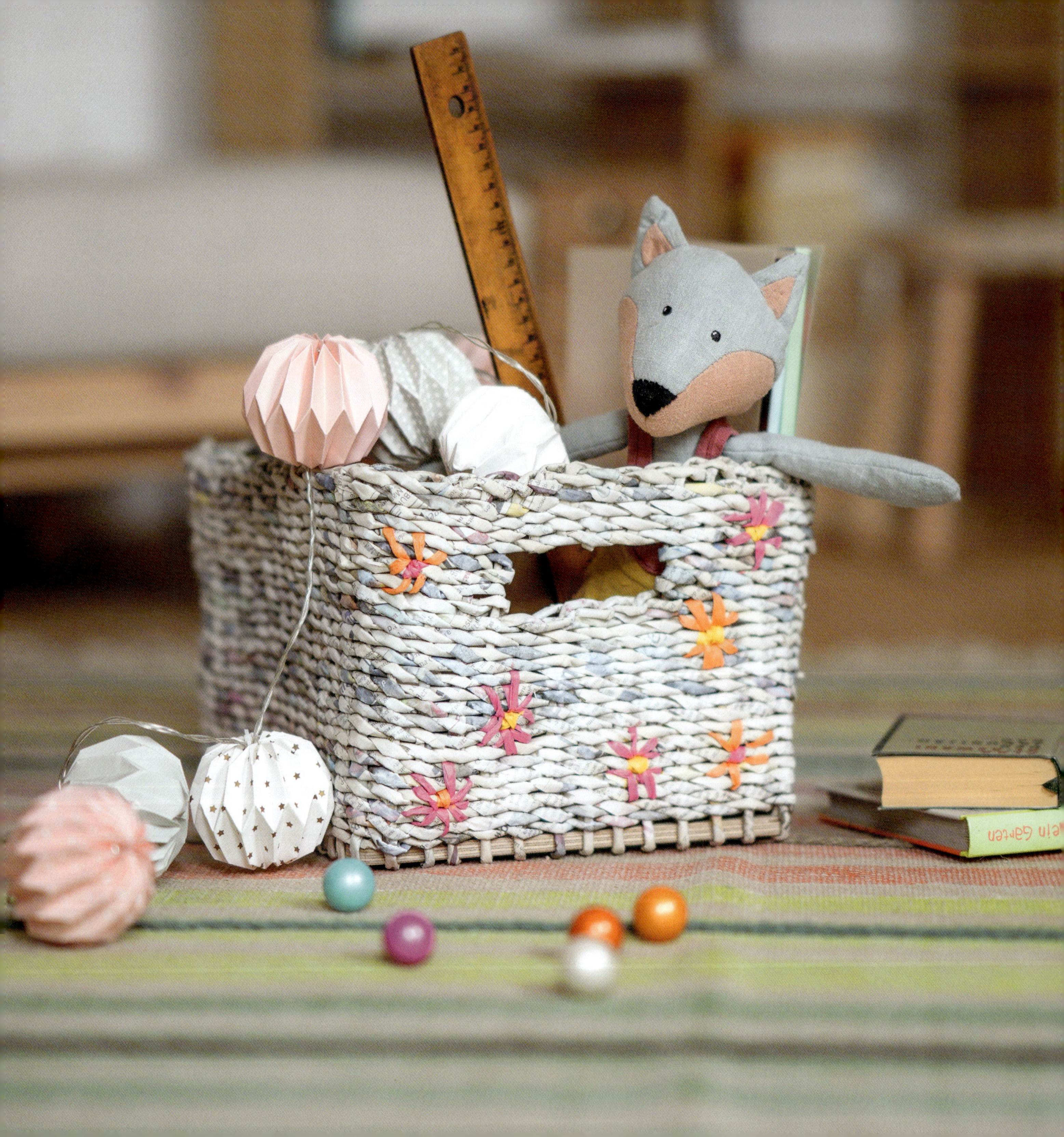

Eine blumige Regalbox

Technischer Schwierigkeitsgrad ★ Ausdauer ★★★ Farbgebung ★★

Mit einem quadratischen oder rechteckigen Korb schaffst du in deinem Regal schnell Ordnung. Wenn du deinen Korb hinterher bestickst, wird er zum absoluten Hingucker!

DU BRAUCHST

- Ein rundum gelochtes Brett (MDF-Platte, Sperrholz) (siehe S. 20) oder eine rundum gelochte dicke Pappe (z. B. Graupappe, siehe S. 20) in der passenden Größe
- Papierstangen aus Zeitung (die Menge hängt von der Größe des Korbbodens und von der Höhe des Korbs ab) – mein Korb ist 25 cm breit, 29 cm tief und 19 cm hoch, bei dieser Größe benötigt man 150–200 Stangen
- Weiße Lasur (z. B. aus verdünnter weißer Acrylfarbe) und Pinsel
- Bastelbast in verschiedenen Farben und eine dicke Nähnadel
- 4 dicke Möbel-Filzgleiter

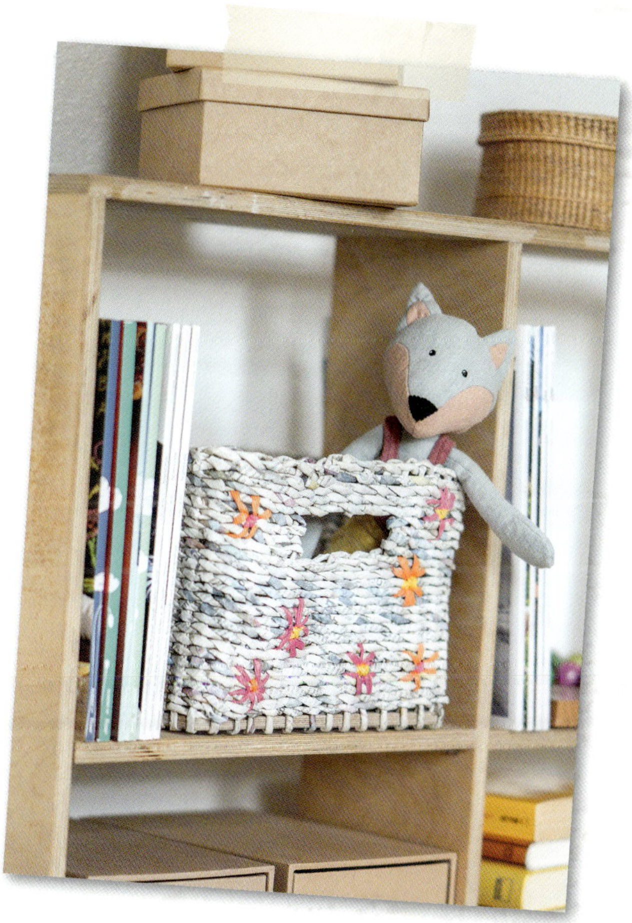

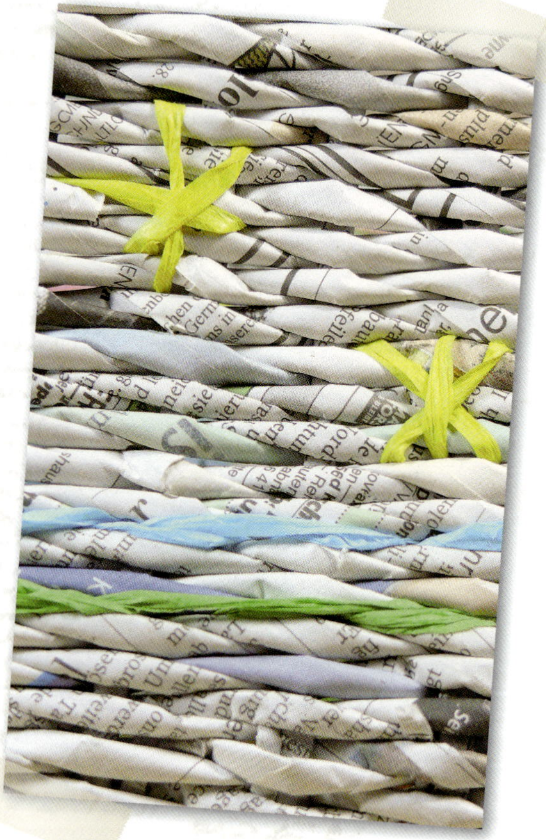

SO GEHT'S

1. Füge in die Löcher im Korbboden nach und nach Staken ein und umflechte sie jeweils sofort mit zwei Flechtsträngen (siehe Abb. 4–5 auf S. 21).

2. Flechte nun immer weiter, bis du etwa 8 cm unter dem geplanten Korbrand anlangst. Achte besonders an den Ecken auf eine gute Formgebung: Ecken neigen dazu, nach innen zu kippen!

3. Jetzt kommt das Eingriffsloch (siehe S. 33). In meinem Fall habe ich nur ein einziges Eingriffsloch gearbeitet, weil mein Regal hinten geschlossen ist. Flechte vier Reihen hin und her von der einen Seite des Eingriffslochs zur anderen.

4. Schließe das Eingriffsloch wie auf S. 33 beschrieben ab, flechte noch einige Runden und arbeite dann einen Korbflechterrand (siehe S. 26).

5. Wenn du verhindern möchtest, dass dein Korb mit der Zeit vergilbt, dann lasiere ihn mit verdünnter weißer Acrylfarbe.

6. Verziere den Korb zum Schluss mit dem Bastelbast und einer dicken Nadel mit bunten Blumen. Oder sticke Streifen oder Sterne darauf. Lass deiner Fantasie freien Lauf!

7. Klebe unter alle vier Ecken des Korbes einen dicken Möbel-Filzgleiter.

Mein Tipp

Nutze die Tiefe und die Höhe deines Regalfachs komplett aus! Folgende Formel finde ich perfekt: Tiefe des Korbbodens = Tiefe des Regalbodens minus 2–3 cm.

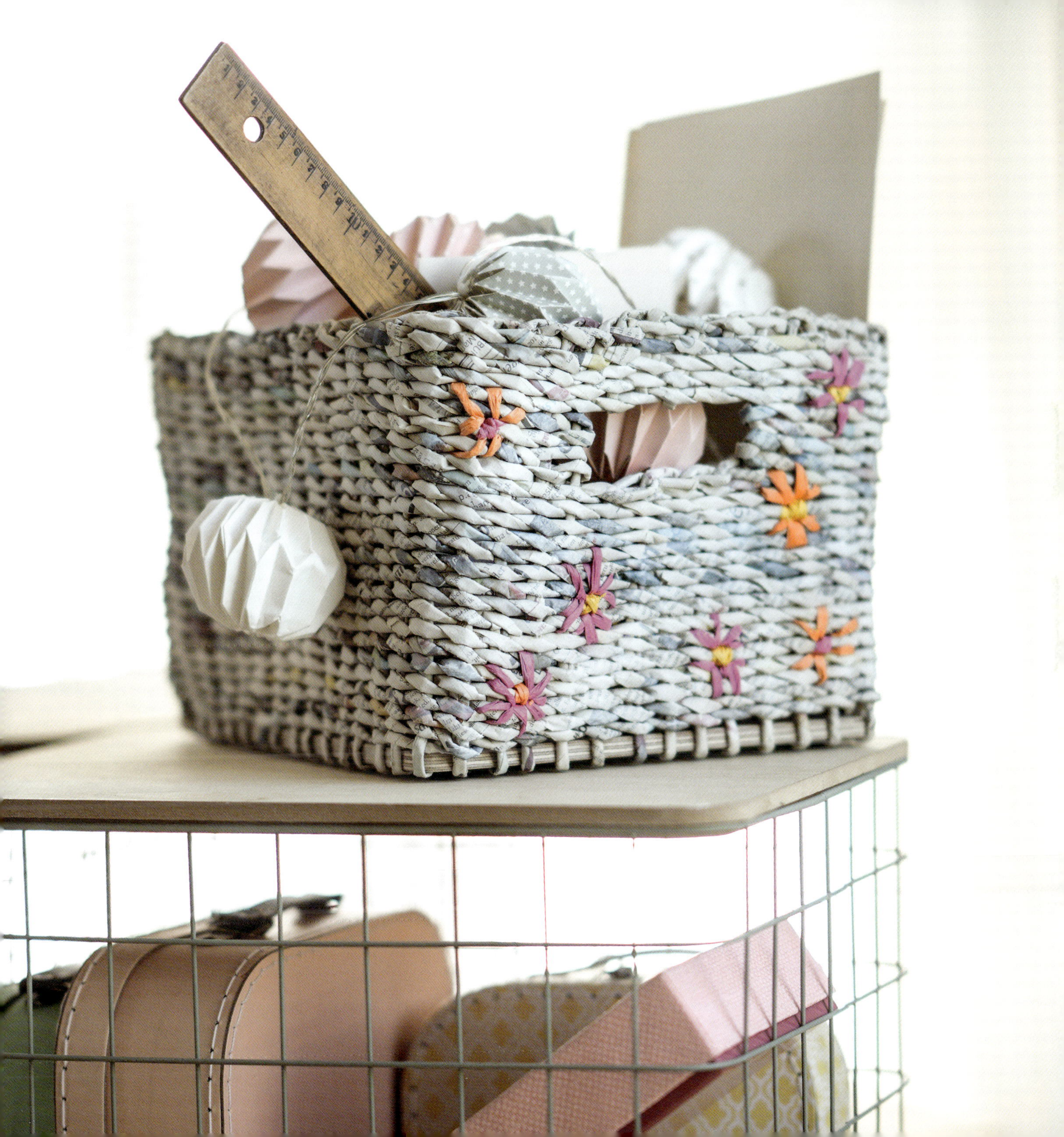

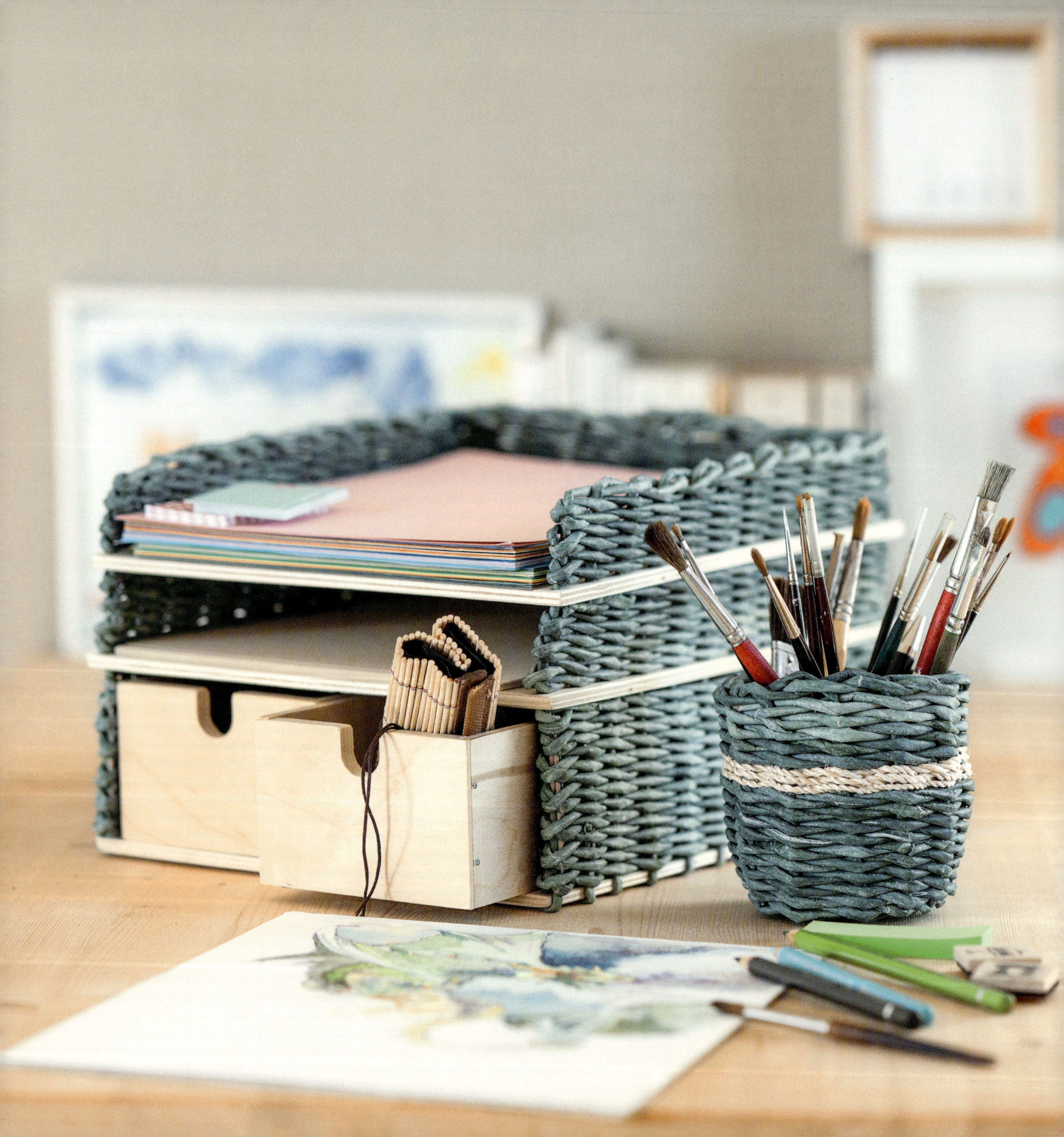

Ordnung auf dem Schreibtisch

Technischer Schwierigkeitsgrad ★ Ausdauer ★★★ Farbgebung ★★★

Wenn du etwas Ordnung in dein Büro bringen willst, könnte dieses Projekt genau das Richtige für dich sein. Technisch ist es nicht schwierig, allerdings brauchst du ein wenig Ausdauer. Hinterher wirst du mit einer selbst gemachten DIN-A4-Ablage belohnt!

DU BRAUCHST

- 3 Sperrholzböden oder dicke Pappböden 33 cm x 25 cm, an drei Seiten genau gleich gelocht (die Löcher sollten mindestens einen Durchmesser von 5 mm haben, besser 6 mm) (siehe S. 13)
- Ein paar Holzzahnstocher
- Ca. 140–150 vorgefärbte Stangen aus Zeitungspapier (siehe S. 34), den Rest der Farbe aufbewahren!
- Optional 1–2 passende Schubladen aus Holz oder Karton

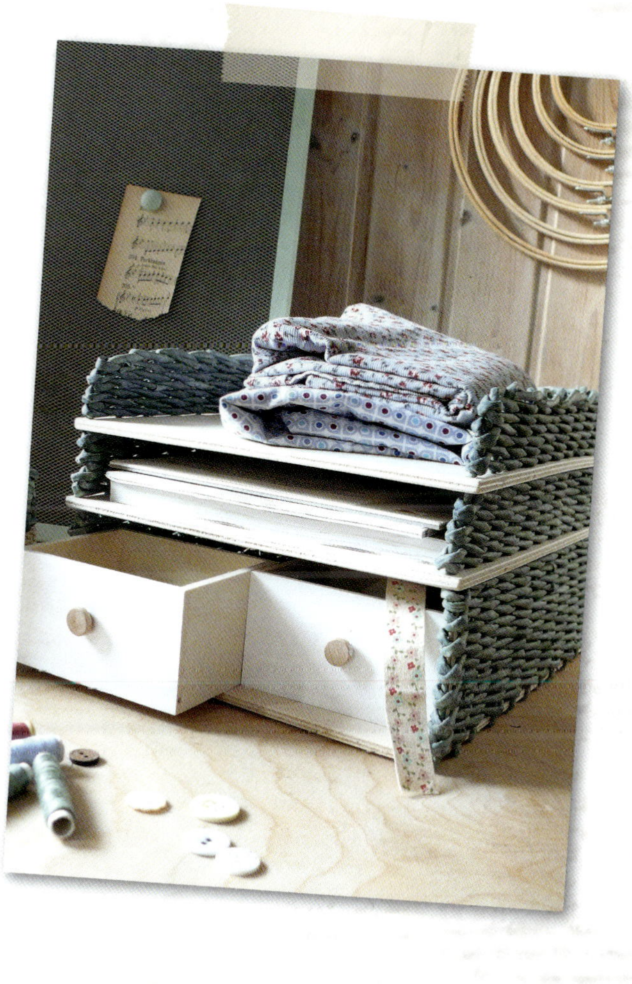

1
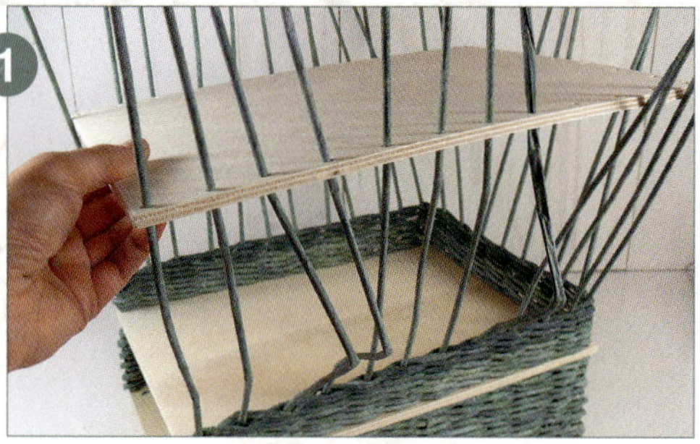

2
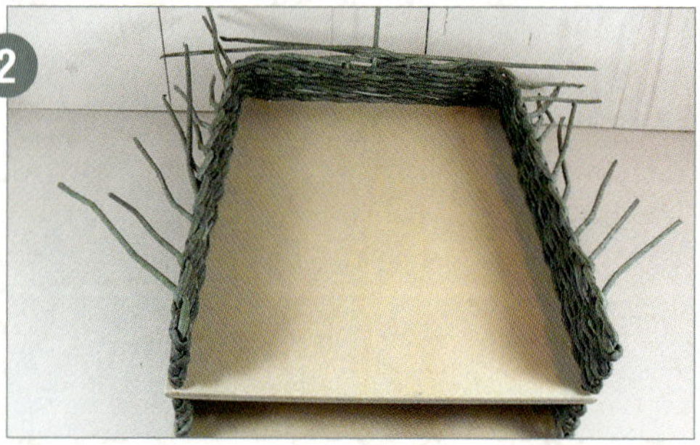

3
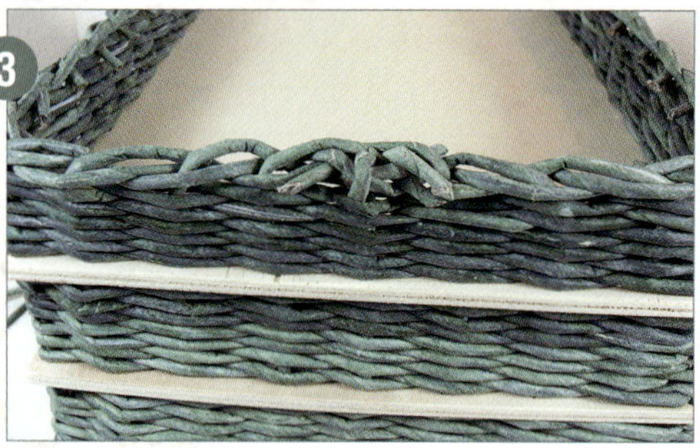

4
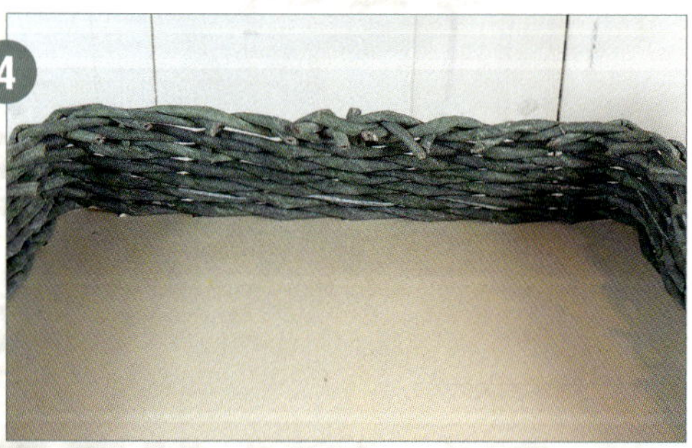

5
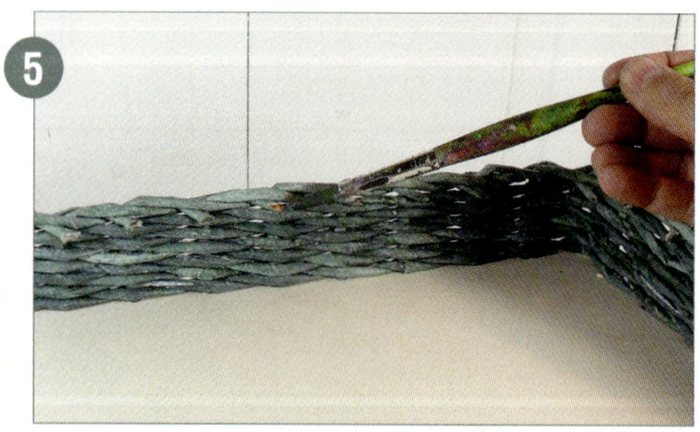

SO GEHT'S

1. Lege den ersten Boden so vor dich, dass die nicht gelochte Seite zu dir zeigt und beginne vorne links mit dem Einstecken der Staken (siehe S. 20). Als erstes Paar Flechtstränge verwendest du eine mittig geknickte Papierrolle (siehe Tipp auf S. 15).

2. Um die vier Ecken zu stabilisieren und dafür zu sorgen, dass sie schön gerade bleiben, kannst du zu den Eckstaken jeweils zwei Zahnstocher stecken und mit einflechten.

3. Knicke die Flechtstränge um die letzte Stake herum, wenn du mit der ersten Flechtreihe fertig bist, und flechte rückwärts weiter. Das Rückwärtsflechten ist am Anfang sehr ungewohnt – achte einfach darauf, dass das Flechtbild genau der vorhergehenden Reihe entspricht (siehe S. 14).

4. Wenn du eine Schublade einsetzen willst, dann flechte so lange weiter, bis diese ohne Weiteres in das Fach passt. Der Flechtrand sollte minimal höher sein als die Schublade.

5. Nun fügst du den nächsten Holzboden ein (Abb. 1). Das ist ein wenig knifflig. Etwas leichter funktioniert es, wenn du die Staken am oberen Ende spitz anschneidest. Scheue dich nicht, die Staken zu knicken und zu biegen, anders geht es nicht. Fang einfach an einer Seite an, die Staken durch die Löcher zu stecken und arbeite dich rundherum. Dann schiebst du den Boden allmählich nach unten, indem du an den Staken ziehst.

6. Flechte jetzt die Wände für die mittlere Etage in der gewünschten Höhe und füge dann den dritten Boden ein.

7. Arbeite zuletzt den Rand für die oberste Etage und beende ihn mit einem Korbflechterrand (siehe S. 26). Damit die DIN-A4-Ablage von vorne schön gleichmäßig aussieht, habe ich den Rand auf beiden Seiten von vorne nach hinten gearbeitet (Abb. 2). Dort, wo die Randabschlüsse aufeinandertreffen, musst du etwas improvisieren: Arbeite genau symmetrisch. Falls eine Stake übrigbleibt, stecke sie zurück ins Geflecht (Abb. 3–4).

8. Bemale die abgeschnittenen Stakenenden zum Schluss mit der übriggebliebenen Farbe (Abb. 5).

Mein Tipp

Merke dir, auf welche Art du die Flechtstränge um die letzte Stake herumführst und mache es in den folgenden Reihen genauso. Dann sieht der Randabschluss am Ende schön gleichmäßig aus (siehe Abb. unten).

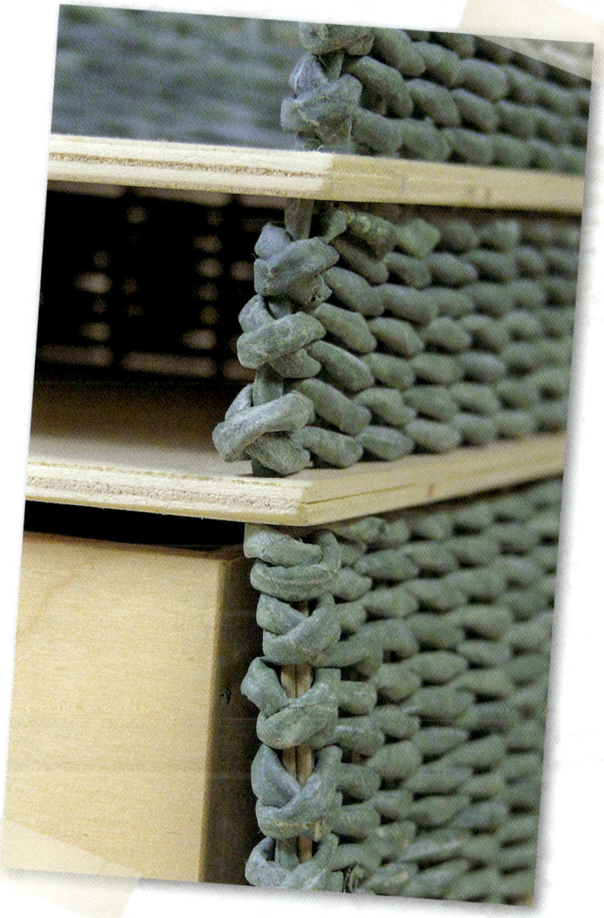

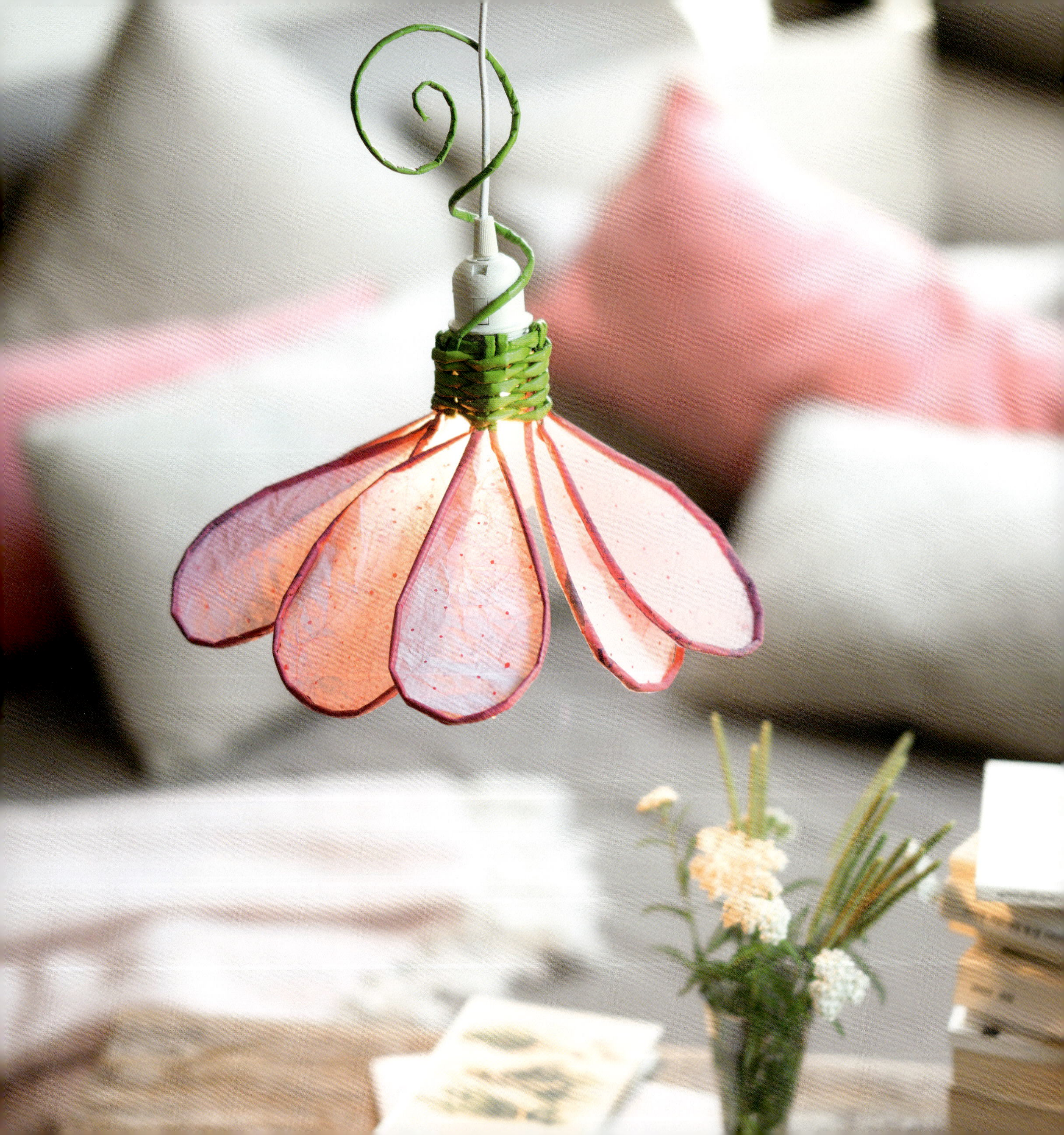

Dekorative Lampen aus Papier

Technischer Schwierigkeitsgrad ★★ Ausdauer ★ Farbgebung ★–★★★

Ob feenhafte Blumenlampe oder lässiger Shabby-Chic-Kronleuchter (siehe Seite 61) – diese Lampen verschönern im Nu jedes Zimmer.

DU BRAUCHST

- Eine Lampenfassung ohne Schirm
- Eine leere Küchenkrepp- oder Toilettenpapierrolle (siehe Tipp unten)
- Eine ganz kurze Zeitungspapierstange aus einem 15 cm langen Streifen
- 4 normale Zeitungspapierstangen
- 10 drahtverstärkte Zeitungspapierstangen (siehe S. 13)
- Klebestift
- Für die Farbgebung: Acrylfarbe, Pinsel, Gefäße für die Farben, eine zusätzliche drahtverstärkte Papierstange, 4 Blatt Druckerpapier

Mein Tipp

Die Küchenkrepp- oder Toilettenpapierrolle dient als Flechthilfe – ihr Durchmesser muss so groß wie der der Lampenfassung sein.

BLUMENLAMPE – SO GEHT'S

1. Bestreiche das spitze Ende der ganz kurzen Zeitungspapierstange mit Klebestift und füge sie zu einem Ring zusammen, den du über die Papprolle oder die Lampenfassung legst (Abb. 1). Er soll locker über die Papprolle passen, aber nicht zu groß sein.

2. Schiebe die zehn drahtverstärkten Staken zwischen Ring und Papprolle, biege die Enden um (Abb. 2) und verteile die Staken in Zweiergruppen gleichmäßig um die Papprolle (Abb. 3).

3. Verwende als Flechtstränge zwei Zeitungspapierstangen, mit denen du eng um die Papprolle herum arbeitest. Umflechte dabei immer zwei Staken zusammen (Abb. 4). Wenn alle vier Papierstangen verarbeitet sind, verankere die Enden der Flechtstränge mithilfe eines spitzen Gegenstandes im Geflecht.

4. Ziehe nun die Stakenenden einmal durch deine zusammengepressten Finger, um sie biegsamer zu machen, und stecke die Spitzen in den Kanal zurück, aus dem die Stake hervorkommt. So formst du die Blütenblätter. Färbe sie mit Acrylfarbe pink.

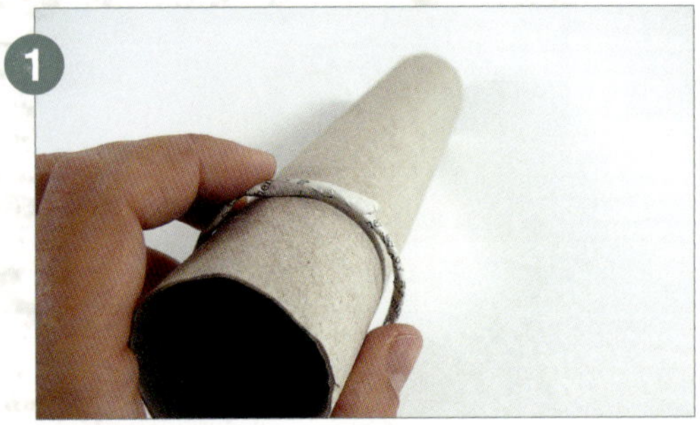

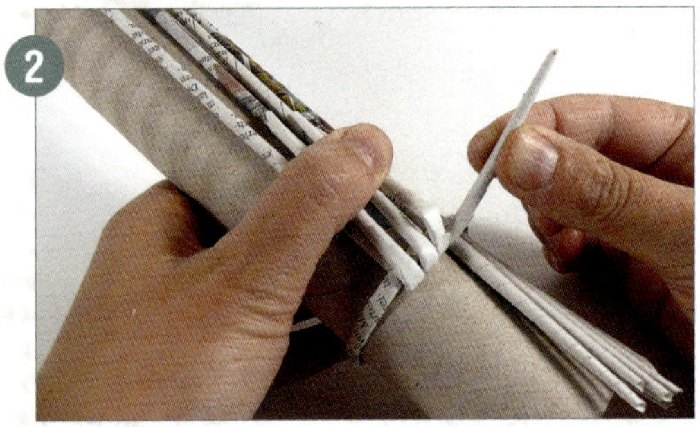

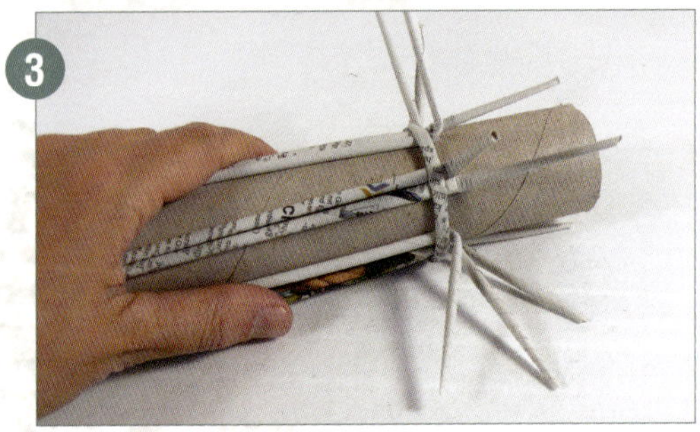

5. Male mit grüner (evtl. leicht verdünnter) Acrylfarbe das Geflecht und die zusätzliche drahtverstärkte Papierrolle an.

6. Zerknülle die vier Blätter Druckerpapier mehrfach und bügele sie danach wieder glatt. Verdünne dann etwas pinke Farbe mit viel Wasser und färbe die Blätter hellrosa. Ist die Farbe auf dem Papier getrocknet, tupfe mit einem feinen Pinsel kleine Punkte in unverdünntem Pink auf (Abb. 5). Verfahre so mit der Vorder- und der Rückseite des Papiers. Lasse anschließend alles gut trocknen.

7. Bestreiche die Papierstange eines Blütenblatts von unten mit Klebestift und drücke ein gefärbtes Blatt dagegen. (Gehe platzsparend mit dem Papier um!) Wenn der Kleber getrocknet ist, schneide mit einer Schere rund um die gebogene Papierstange herum das Punktepapier ab (Abb. 6). Wiederhole dies bei allen Blütenblättern.

8. Spätestens jetzt ziehst du die Toilettenpapierrolle heraus. Kontrolliere, ob noch weiße Stellen angepinselt werden müssen und befestige deinen selbst gebastelten Lampenschirm an der Fassung. Zum Schluss steckst du die vorbereitete grüne Papierstange mit dem dickeren Ende in das Geflecht und formst eine schöne Ranke um Lampenfassung und Kabel.

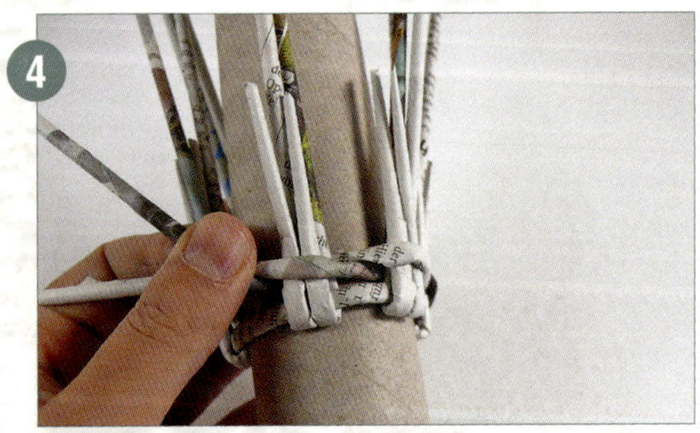

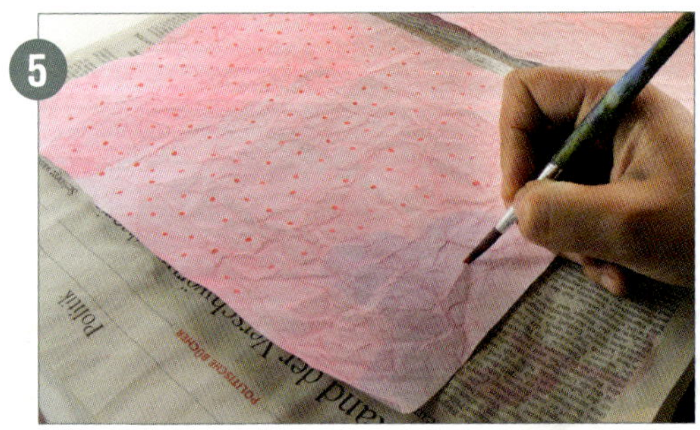

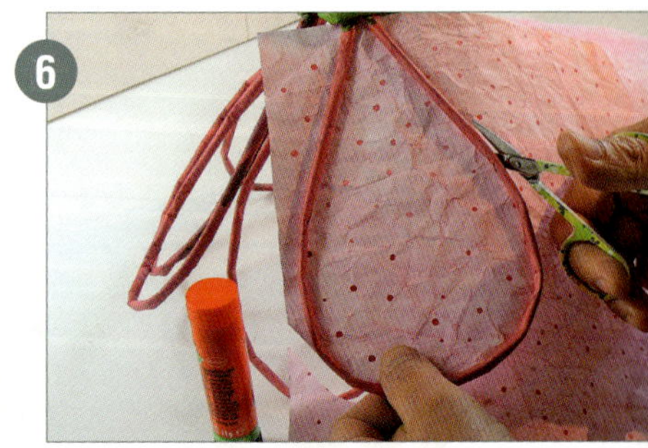

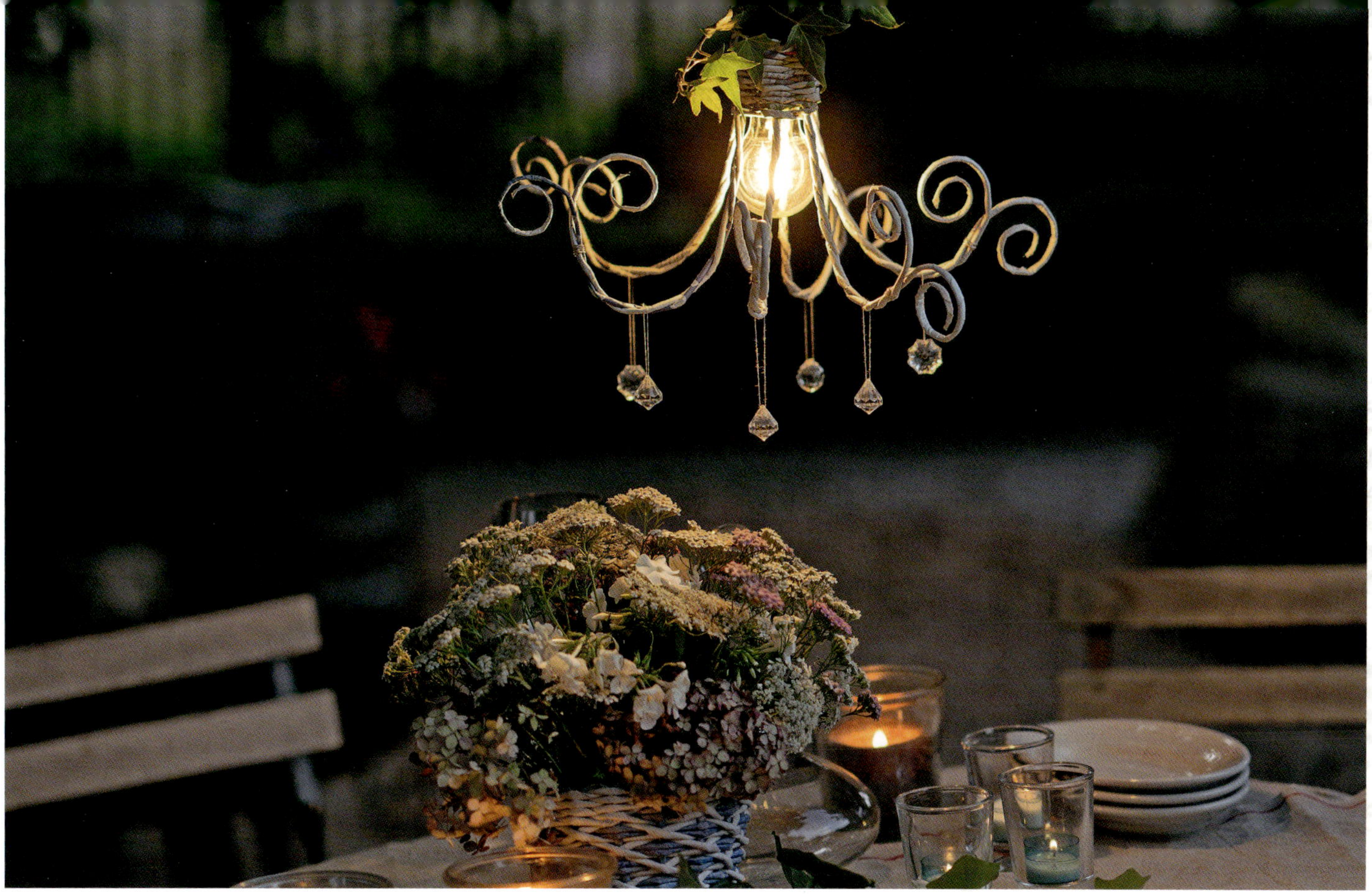

KRONLEUCHTER – SO GEHT'S

1. Führe die Arbeitsschritte 1–3 wie bei der Blumenlampe beschrieben aus. Verwende jedoch zwölf drahtverstäkte Staken (siehe S. 13), die du in sechs Paare einteilst.

2. Verkordele dann die sechs Stakenpaare jeweils einige Zentimeter miteinander und wickele 20 cm vom Geflecht entfernt ein Stück Silberdraht um die beiden Staken. Die freien Enden werden jetzt jeweils kurzzeitig eng um einen Bleistift gewickelt, sodass sie schöne Schnörkel bilden, und kronleuchterartig angeordnet.

3. Befestige den Lampenschirm an der Fassung und hänge ein bisschen glitzernde Deko in das Geäst, um den Glamourfaktor zu erhöhen.

DU BRAUCHST

- Die gleichen Materialien wie bei der Blumenlampe, aber zwölf drahtverstärkte Zeitungspapierrollen
- Gestaltung: Silberdraht und Schere, ein paar glitzernde „Klunker" zum Behängen

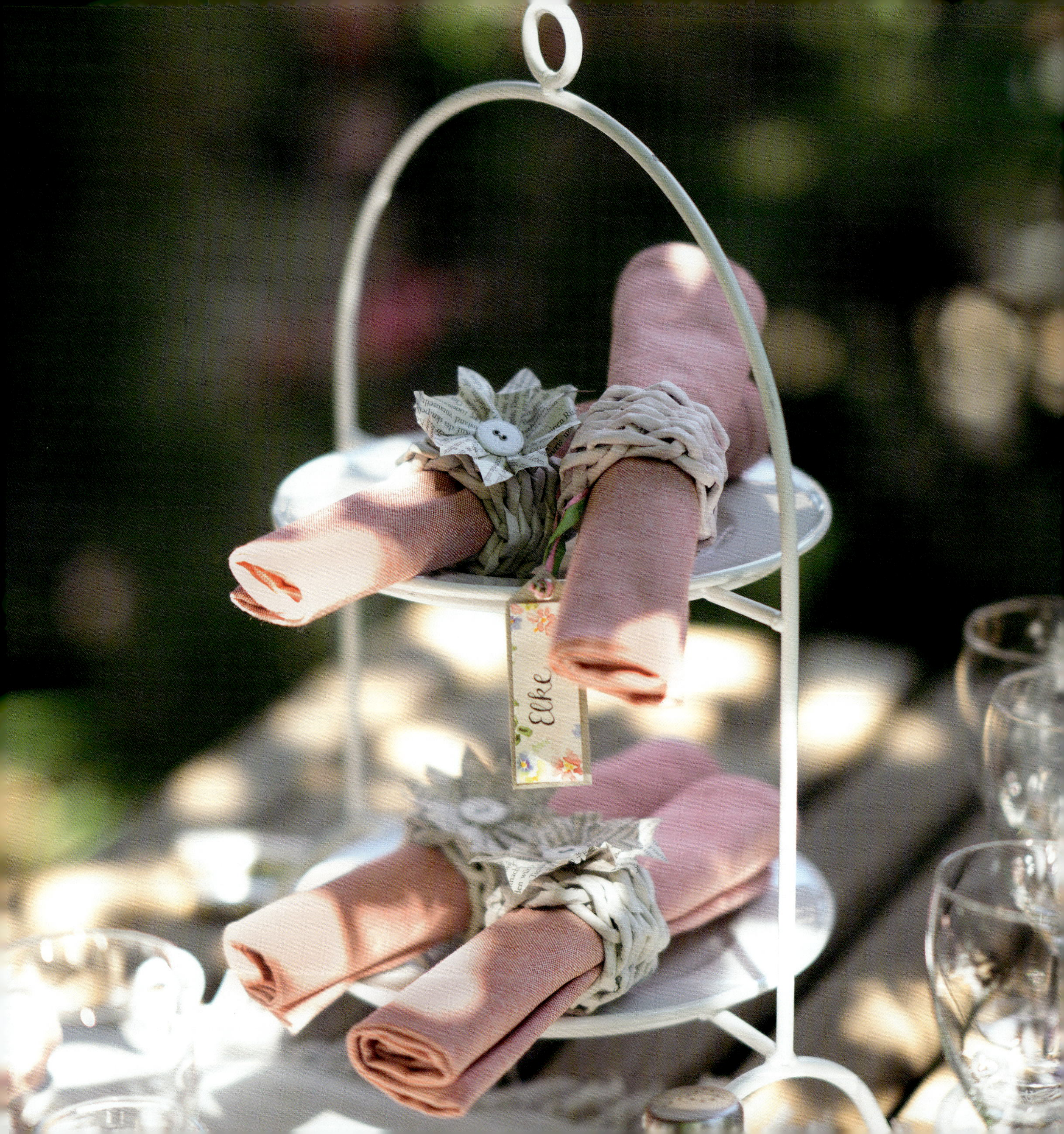
Elke

Geflochtene Serviettenringe

Technischer Schwierigkeitsgrad ★★ Ausdauer ★ Farbgebung ★–★★

Diese Serviettenringe sind ein schönes Accessoire für jede festlich gedeckte Tafel. Gestalte ganz unterschiedliche Modelle, die zur übrigen Tischdeko passen.

DU BRAUCHST

- Weiße oder bedruckte Zeitungspapierstangen (für jeweils drei Ringe 17 Stangen) (siehe S. 34)
- Eine leere Küchenkrepprolle
- Einen Haushaltsgummi
- Schere
- Lineal oder Maßband

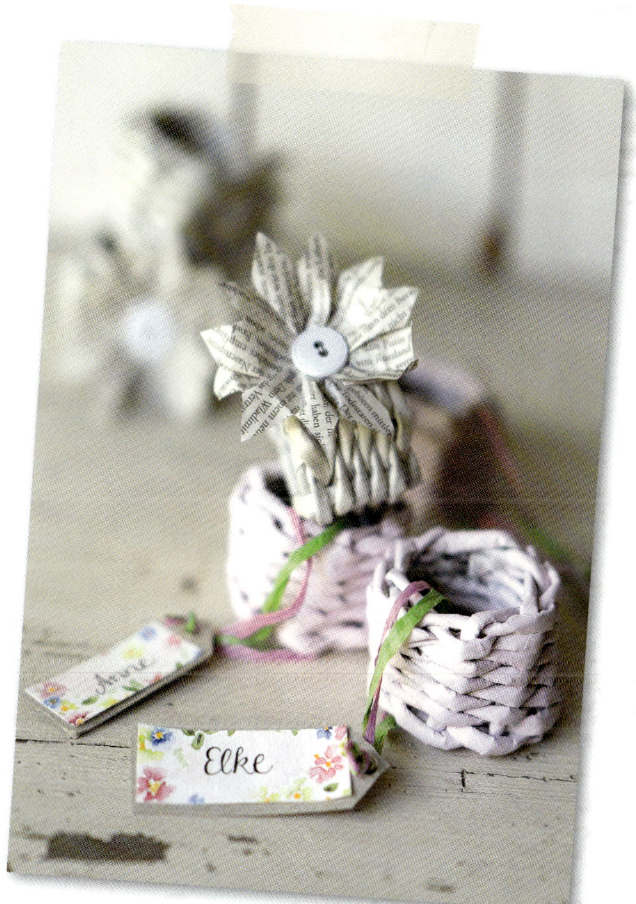

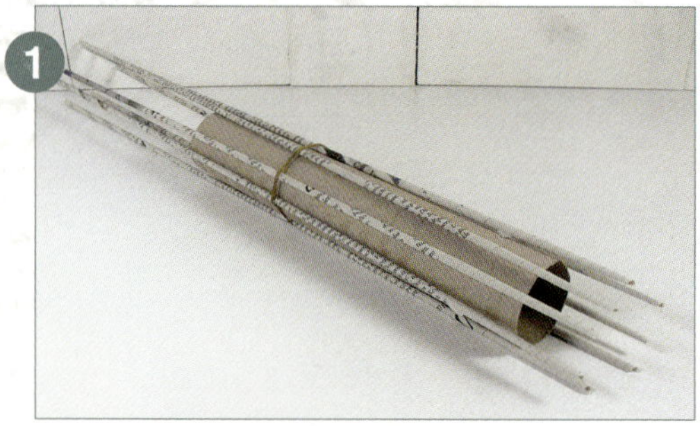

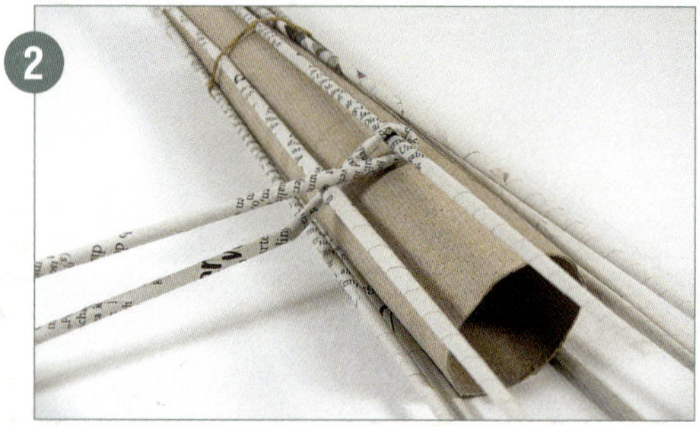

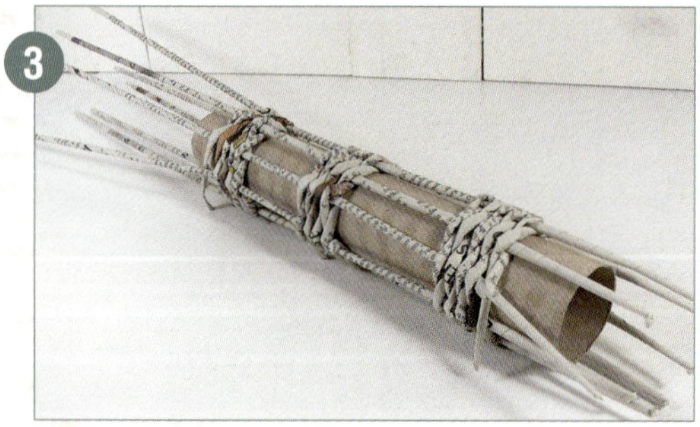

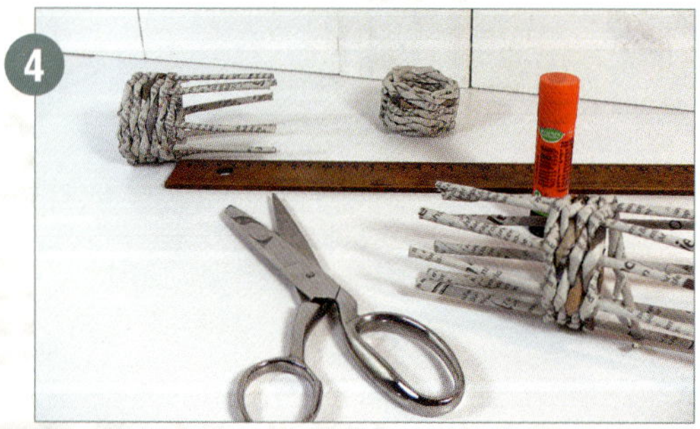

SO GEHT'S

1. Lege acht Papierrollen um die Pappröhre und fixiere sie mit dem Haushaltsgummi. Ordne die Rollen so an, dass sie ungefähr den gleichen Abstand zueinander haben. Die Papierrollen sind die Staken deiner Serviettenringe (Abb. 1).

2. Knicke eine Papierstange in der Mitte und beginne damit das Geflecht des ersten Serviettenrings (siehe Tipp auf S. 15 und Abb. 2). Flechte weiter, bis der Ring eine Breite von 2,5 cm erreicht hat. Drücke das Geflecht eng zusammen und schneide übriggebliebene Flechtstrangenden ab.

3. Flechte mit etwas Abstand zum ersten Ring den zweiten und dann den dritten Serviettenring (Abb. 3). Entferne danach das Gummi und die Papprolle.

4. Verteile nun die drei Ringe gleichmäßig auf den Staken und schneide sie auseinander. Die Staken sollen überall eine Länge von knapp 7 cm haben, um einen Korbflechterabschluss arbeiten zu können. Sollten sich die Papierrollen nach dem Abschneiden öffnen, so klebe die abgelösten Papierecken mit Klebestift wieder an.

5. Arbeite aus den Stakenenden jeweils dreimal zwei Korbflechterrände (siehe S. 26 und Abb. 4). Fertig! Pro Durchgang fertigst du so gleich drei Ringe!

VARIANTEN

Rosa Serviettenringe
Sprühe die fertigen Serviettenringe mit Chalky-Chic-Farbe von Marabu in Puderrosa an. Mit einem farblich passenden Band kannst du außerdem ein Namensschild daran befestigen. Ich habe die Namen auf Aquarellpapier geschrieben, auf das ich kleine Blümchen gemalt habe. Klebst du das dünne Aquarellpapier auf ein Pappschild, das du zum Festbinden mit einer Metallöse versehen hast, wirkt es edel und stabil.

Serviettenringe mit Blüten
Falte einen schmalen, nur mit Schrift bedruckten Streifen Zeitungspapier ziehharmonikaartig auf. Schneide ein Ende spitz zu (Abb. 5), falte alles wieder auseinander und bestreiche den langen geraden Rand mit Klebestift.
Fältele den Streifen blütenförmig und klebe ihn dabei von unten an einen Knopf (Abb. 6). Nähe oder klebe die Knopfblüte an den Serviettenring.

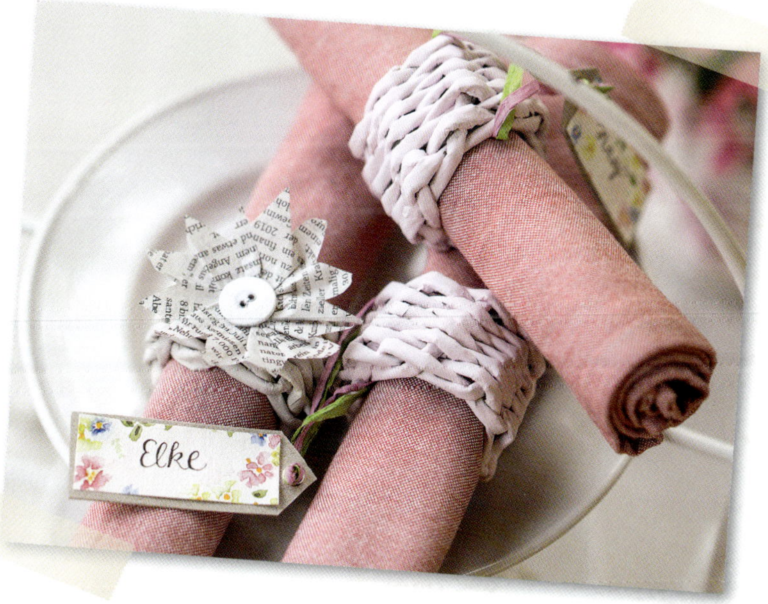

Mein Tipp

Lass deiner Fantasie freien Lauf! Dekoriere die Serviettenringe mit Knöpfen oder Perlen, besticke sie mit bunten Bändern oder verziere sie mit Glitzerstaub.

5
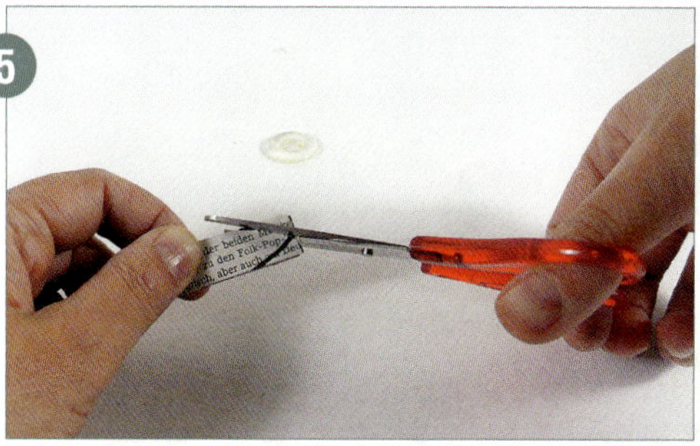

6
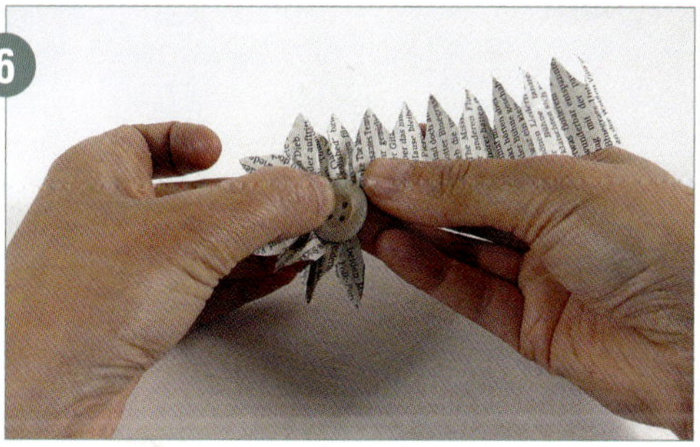

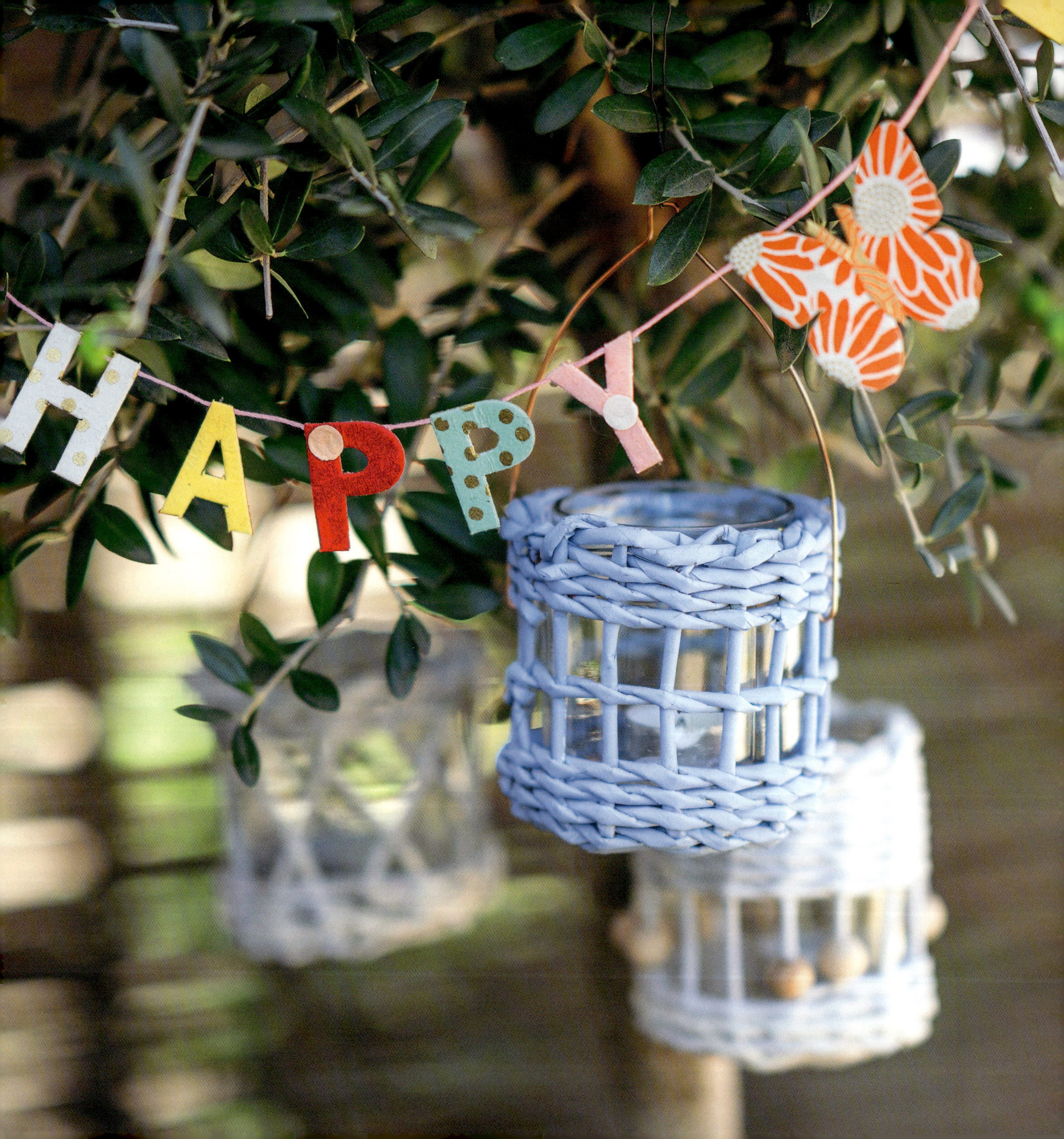
HAPPY

Kerzenschimmer im Glas – Windlichter

Technischer Schwierigkeitsgrad ★★ Ausdauer ★ Farbgebung ★

Diese hübschen Windlichter sind schnell gemacht. Ob du sie verschenkst, deine Gartenparty damit verschönerst oder sie im Winter stimmungsvoll auf dem Fensterbrett platzierst – in jedem Fall sind sie ganz besondere Dekoobjekte!

DU BRAUCHST

- Zeitungspapierstangen (ca. 15 pro Windlicht)
- Marmeladengläser (möglichst große Öffnung oben) mit geraden Wänden
- Dicken Draht und Zange, um einen Bügel zum Aufhängen zu biegen
- Optional Farbe und Holzperlen je nach Windlicht

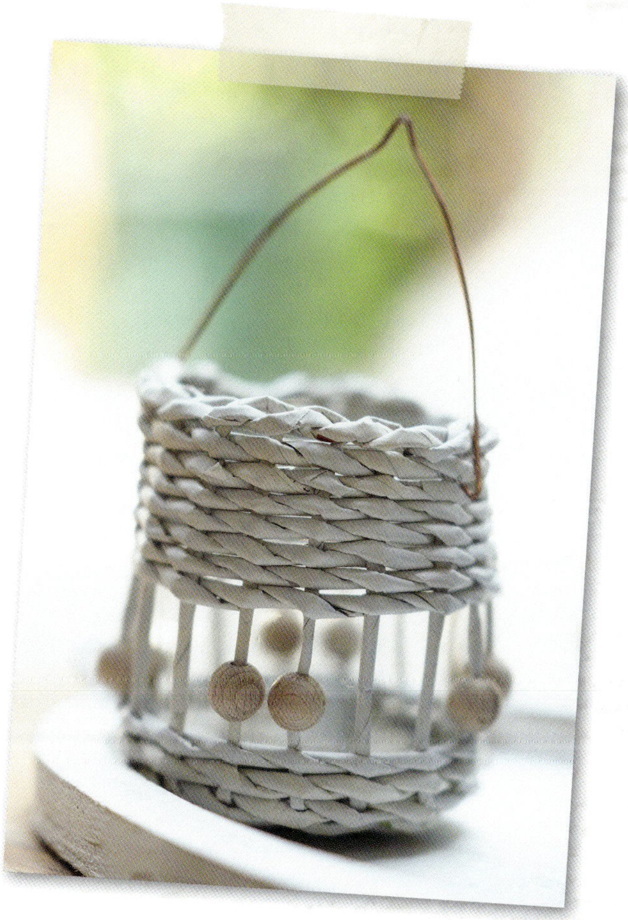

1

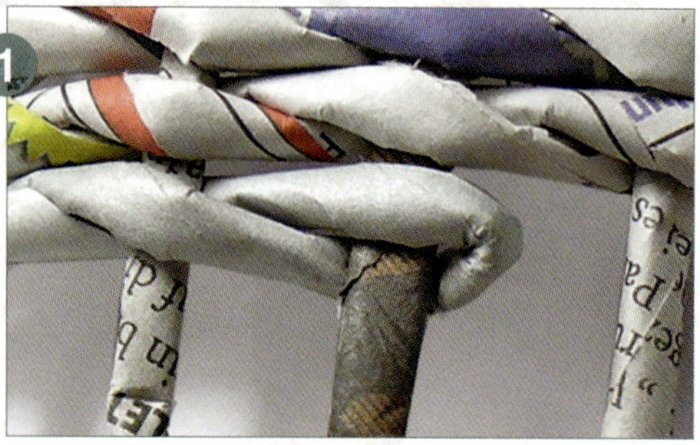

2

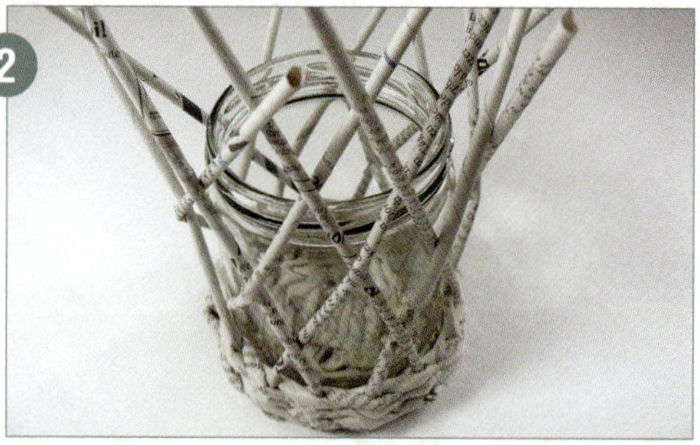

3

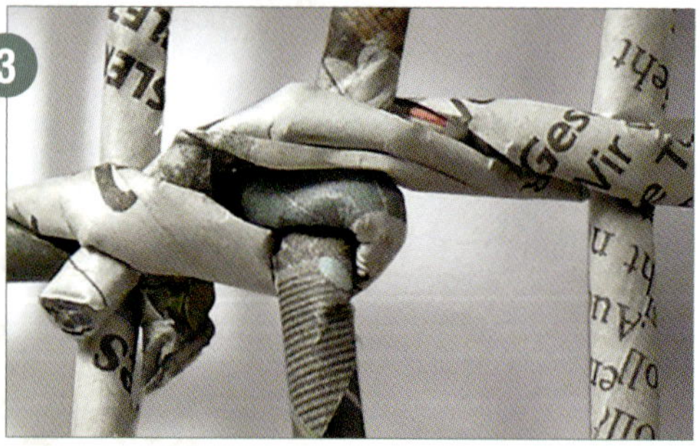

4

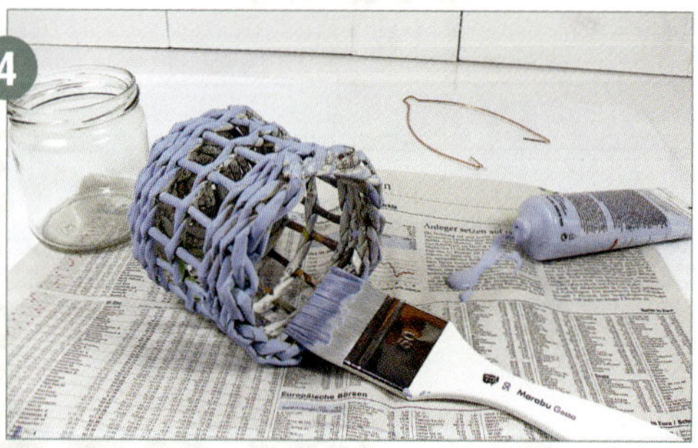

SO GEHT'S

1. Lege ein Stakenkreuz aus 4+4 Papierstangen und flechte einen runden Korbboden, wie auf S. 23 beschrieben.

2. Vergrößere den Boden um eine weitere Reihe, wenn er so groß wie der des Marmeladenglases ist. Biege dann die Staken senkrecht nach oben und flechte zwei Reihen.

3. Stelle nun das Marmeladenglas in das Geflecht und arbeite dich noch ein bis zwei Reihen an der Glaswand entlang (siehe Tipp auf S. 19).

4. Schneide die Enden der Flechtstränge ab und fixiere sie mithilfe eines Werkzeugs im schon entstandenen Geflecht.

5. Beginne weiter oben wieder zu flechten, indem du eine Papierstange mittig umknickst und sie um eine der Staken legst (siehe Tipp auf S. 15 und Abb. 1).

6. Arbeite weiter bis zum Gewinde des Schraubglases. Achte darauf, dass du nicht zu fest flechtest – dann kannst du das Glas später gut herausnehmen und reinigen.

7. Flechte zuletzt einen Korbflechterrand (siehe S. 26).

8. Biege aus Draht mithilfe der Zange einen Bügel zum Aufhängen des Windlichts und verankere ihn im Geflecht.

VARIANTEN

Weißes Windlicht mit Perlen
Für dieses Windlicht brauchst du komplett weiße Papierstangen (siehe S. 34). Stelle vier der Stangen aus sehr schmalen Papierstreifen (7 cm breit) her, damit du Holzperlen darauf fädeln kannst.
Lege das Stakenkreuz aus vier normalen und den vier dünnen Papierstangen, ich habe je zwei dünne Stangen mit zwei dicken Stangen eingerahmt. Verfahre dann, wie in der Grundanleitung beschrieben, bis zur Unterbrechung im Geflecht.
Stecke dann auf jede dünne Stange eine Holzperle.
Fange etwas weiter oben erneut mit dem Flechten an und fahre bis zum oberen Rand des Glases damit fort.

Zeitungspapierwindlicht
Fertige für dieses Windlicht Stangen aus normalem Zeitungspapier. Achte beim Drehen der Stangen darauf, dass außen Gedrucktes zu sehen ist, aber nicht zu viel bunte Farbe (siehe S. 34).
Lege die Staken an der Stelle, an der das Geflecht unterbrochen wird, zu einem Überkreuzmuster (Abb. 2). Biege danach die Staken wieder senkrecht nach oben und arbeite den oberen Teil des Geflechts.

Blaues Windlicht
Verfahre bis zur Unterbrechung im Geflecht wie in der Grundanleitung. Füge bei diesem Windlicht in der Mitte der Unterbrechung eine einzelne Flechtreihe ein: Beginne wieder mit einer mittig geknickten Stange zu flechten. Befestige die Enden der Flechtstränge an der Stelle, an der du die Reihe begonnen hast (Abb. 3). Arbeite den oberen Teil erneut wie bei den anderen beiden Windlichtern. Bemale schließlich das fertige Windlicht mit Chalky-Chic-Farbe der Firma Marabu rauchblau (Abb. 4). Wenn du magst, kannst du mit einem feinkörnigen Schleifpapier vorsichtig wieder etwas Farbe entfernen, um einen Shabby-Look zu erzielen.

Mein Tipp

Wenn du für den Bügel keinen dicken Draht, sondern nur dünnen (Silber-)Draht hast, so nimm ihn doppelt, verdrille die beiden Stränge miteinander und befestige ihn im Geflecht des Windlichtes.

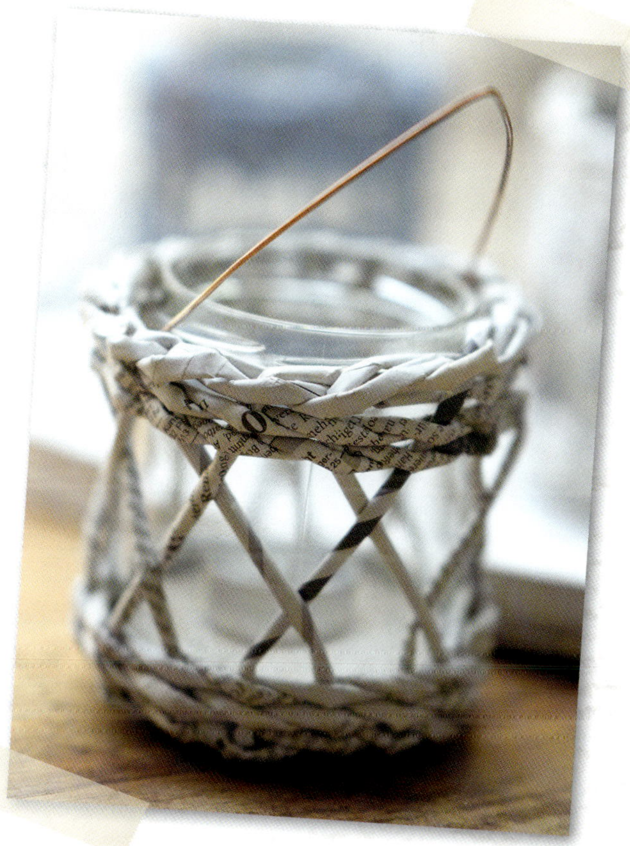

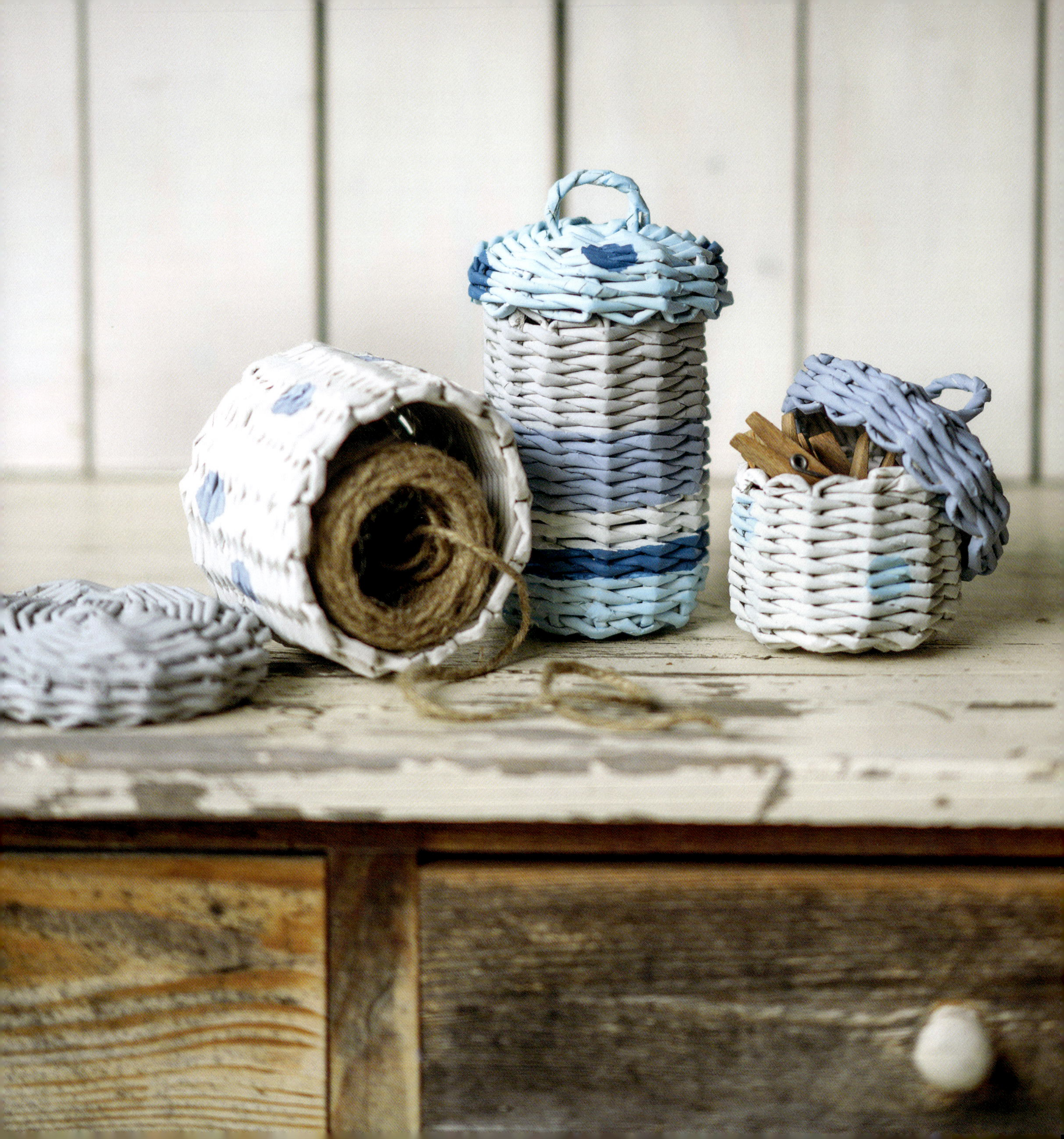

Punkte und Streifen – Deckelkörbchen

Technischer Schwierigkeitsgrad ★★ Ausdauer ★ Farbgebung ★★–★★★

Diese kleinen Körbchen mit Deckel sind mit etwas Übung relativ schnell gemacht und können ein dekorativer Aufbewahrungsort für alle möglichen Kleinigkeiten sein.

DU BRAUCHST

- Pro Deckelkörbchen je nach Größe 30–60 weiße Zeitungspapierrollen (siehe S. 34)
- Schere
- Zylindrische Haushaltsgegenstände (Dosen, Flaschen etc. als Schablone)
- Farben: Chalky-Chic-Farbe der Firma Marabu in Rauchblau, Steingrau, Graublau, Lichtblau und Weiß
- Einen dicken Borstenpinsel und einen feineren Haarpinsel
- Malerkrepp zum Schablonieren

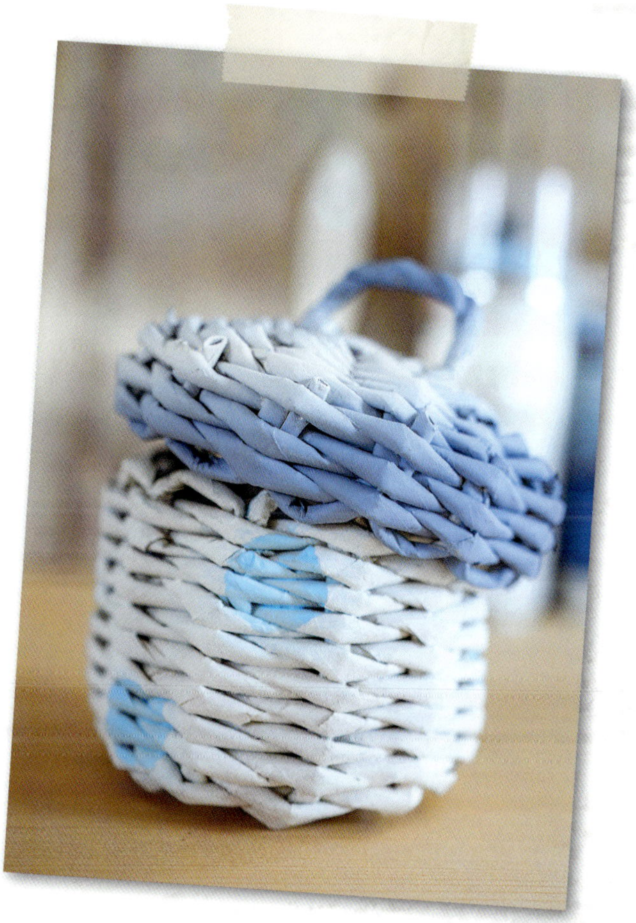

1

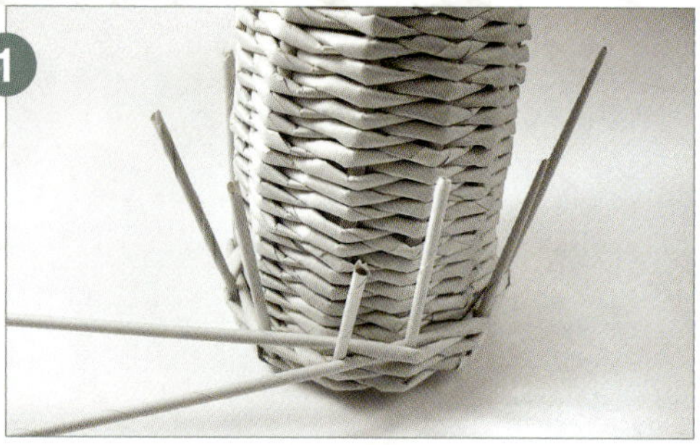

2

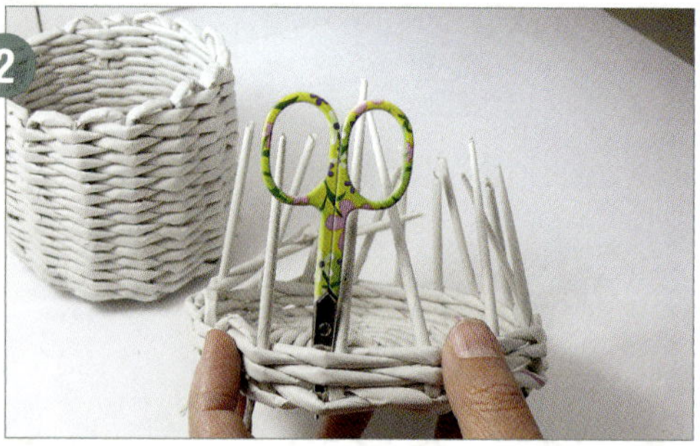

3

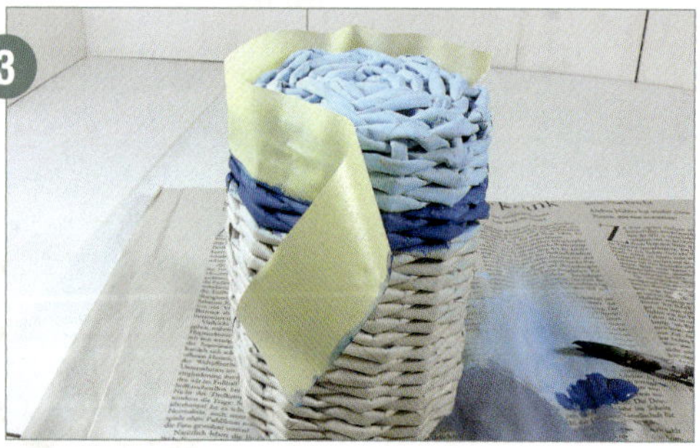

4

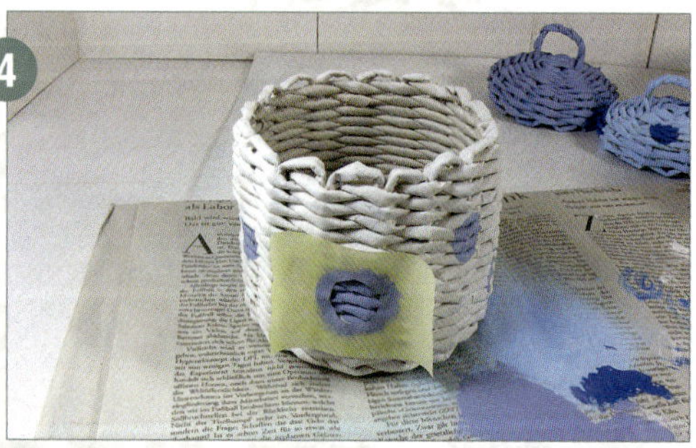

SO GEHT'S

Körbchen

1. Für Körbchen, deren Durchmesser kleiner als 10 cm sein soll, lege ein Stakenkreuz aus 3+3 Papierstangen. Möchtest du größere Körbchen herstellen, so beginne mit einem Stakenkreuz aus 4+4 Papierstangen (siehe S. 23).

2. Fertige einen Korbboden, der etwas größer ist als der Gegenstand, den du als Schablone verwenden möchtest (siehe S. 18).

3. Stelle den Gegenstand auf den Korbboden, biege die Staken hoch und flechte die Korbwände, während du die Flechtstränge dicht um die Schablone herumführst (siehe Tipp auf S. 19).

4. Fertige in der gewünschten Höhe einen einfachen Steckrand oder einen Luftmaschenrand (siehe S. 26). Diese Randabschlüsse tragen nicht so dick auf wie ein Korbflechterrand – das ist hier wichtig, weil der Deckel später gut sitzen soll.

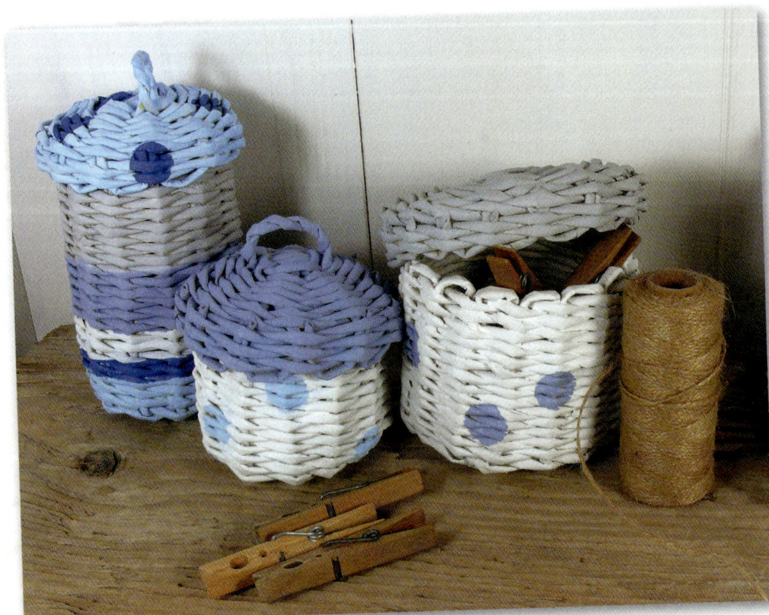

Deckel

1. Für den Deckel fertigst du zunächst einen Korbboden, der etwas größer als das dazugehörige Körbchen sein soll.

2. Stelle nun das Körbchen umgedreht auf den Korbboden, richte die Staken auf und flechte einen Deckelrand aus zwei bis drei Flechtreihen (Abb. 1). Achte darauf, dass der Deckelrand nicht zu eng wird, weil sich das Geflecht beim Fertigen des Abschlusses noch leicht zusammenzieht. Auch als Abschluss für den Deckelrand eignet sich nur ein flacher Randabschluss, also der einfache Steckrand (siehe S. 26) oder der Luftmaschenrand (siehe S. 26). Ich habe den eingesteckten Rand gewählt (Abb. 2).

3. Wenn du möchtest, kannst du noch einen kleinen Griff am Korbdeckel befestigen: Ziehe hierfür eine Papierstange durch eine Lücke im Geflecht und führe sie ganz in der Nähe wieder heraus. Verdrehe die beiden Enden miteinander und stecke sie durch zwei nah beieinanderliegende Lücken im Geflecht wieder in den Korbdeckel. Schneide die Enden innen ab und befestige sie im Geflecht des Deckels oder fixiere sie mit Kleber.

Farbliche Gestaltung

Male die Körbchen und Deckel farbig an und/oder schabloniere mithilfe des Malerkrepps Punkte und Streifen auf (siehe S. 34 und Abb. 3–4). Bessere Ungenauigkeiten mit dem feinen Pinsel aus. Schaue jedes Teil mehrmals aus verschiedenen Perspektiven an, um eventuelle „Farblöcher“ zu entdecken!

Mein Tipp

Wenn dir farbige Streifen gefallen, so flechte aus bunten Papierrollen gestreifte Körbchen. Wenn du magst, nutze hierfür die Farben des Papiers oder färbe die Papierrollen im Voraus. Eine hübsche Variante mit eckigem Korbboden findest du auf S. 78.

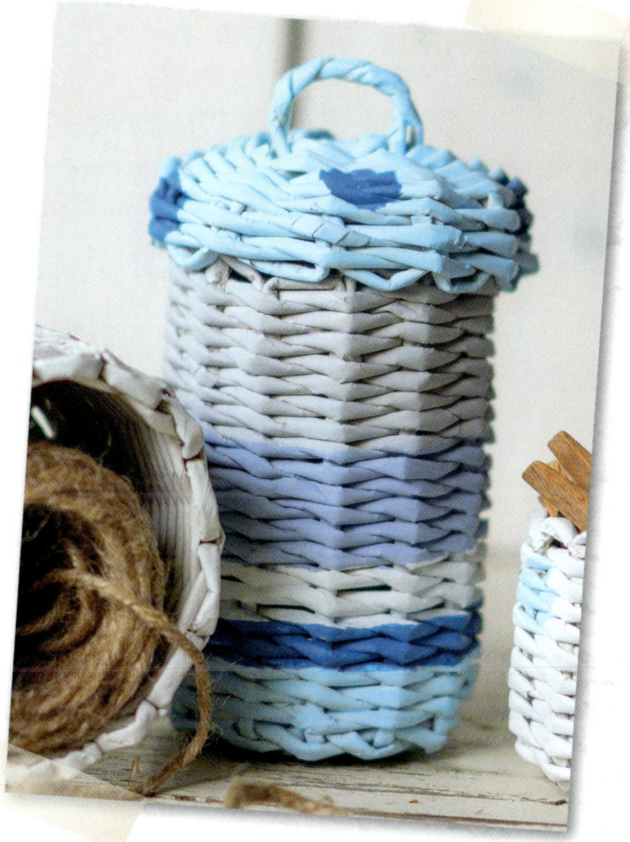

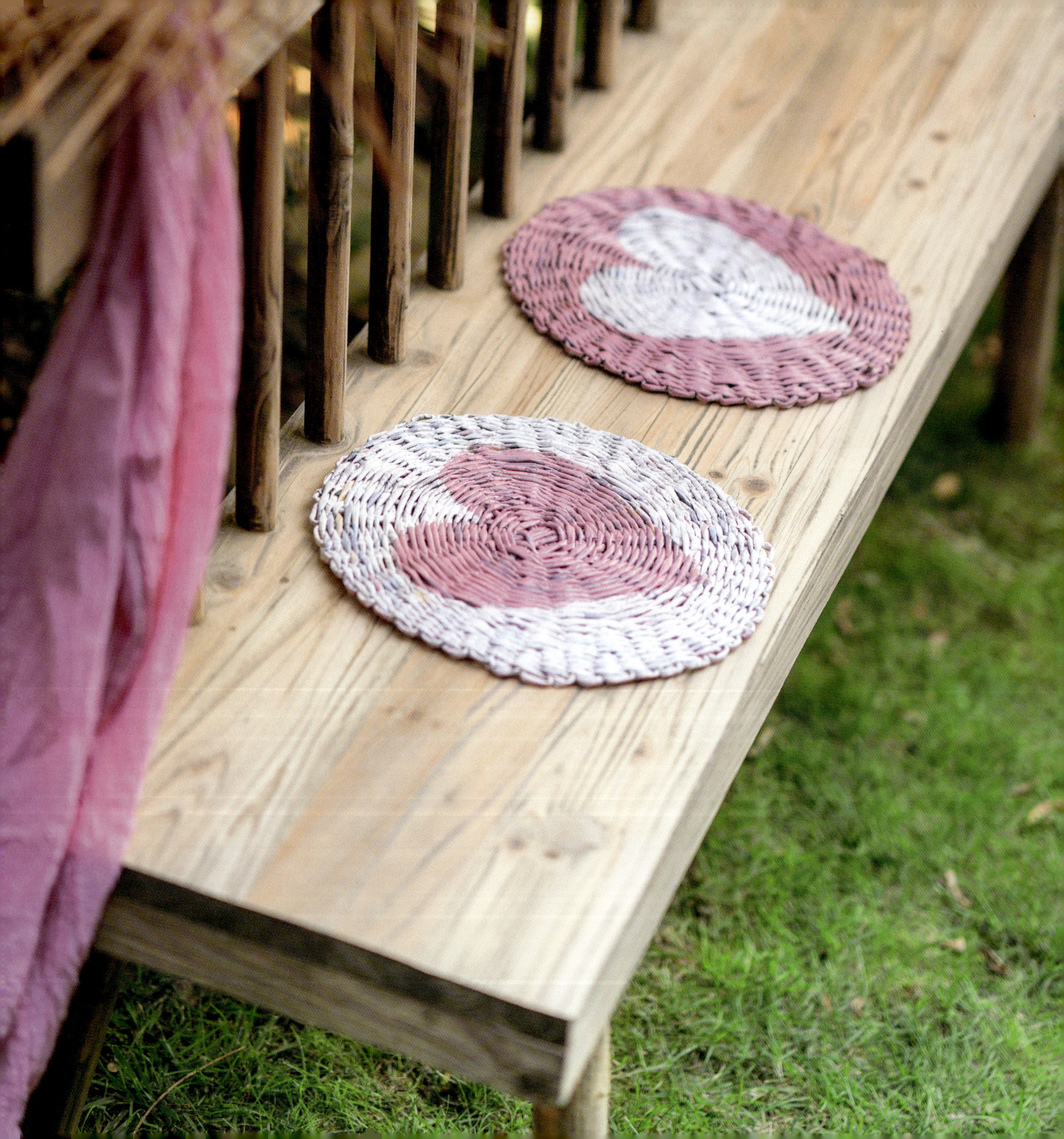

Nimm Platz – eine Sitzauflage

Technischer Schwierigkeitsgrad ★★ Ausdauer ★★ Farbgebung ★★

Es ist erstaunlich, wie viel wärmer es sich auf einem Sitzkissen aus Zeitungspapier sitzt als auf blankem Holz oder Stein. Bevor du dieses Projekt beginnst, solltest du schon ein paar kleinere Gegenstände mit geflochtenem Boden realisiert haben – es braucht ein wenig Übung, das Geflecht richtig dicht hinzubekommen!

DU BRAUCHST

- Ca. 100 Rollen aus Zeitungspapier pro Sitzauflage
- PNZ Holzlasur „lasurweiß"
- PNZ Holzlasur „Covering Rose"
- Zeitung, Schere
- Einen dicken Borstenpinsel, einen feineren Haarpinsel

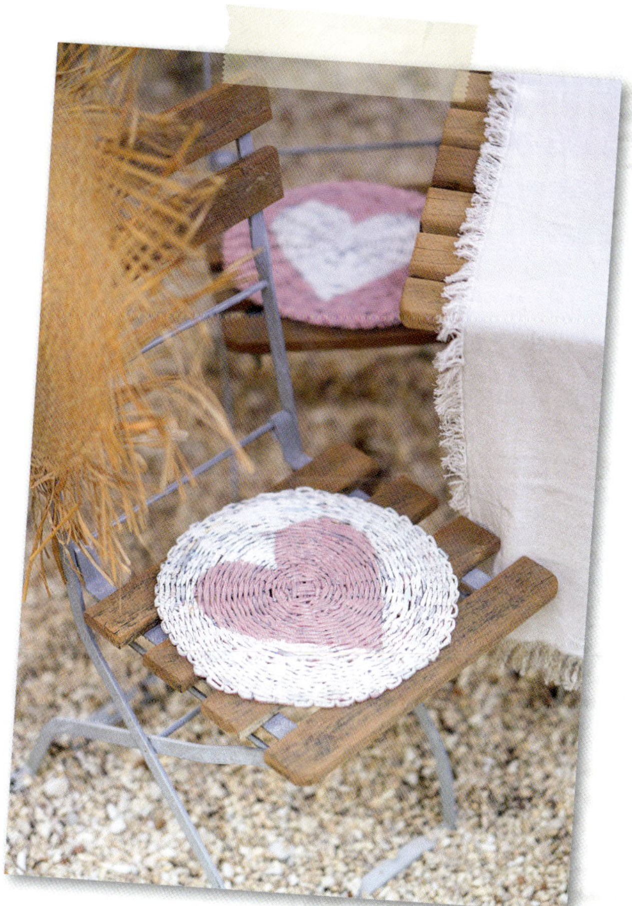

1

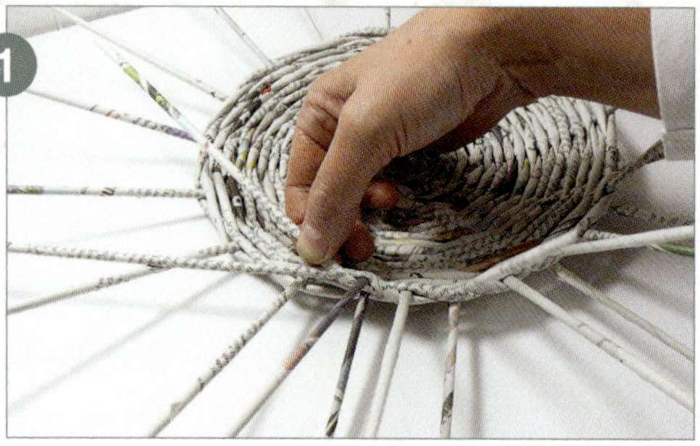

2

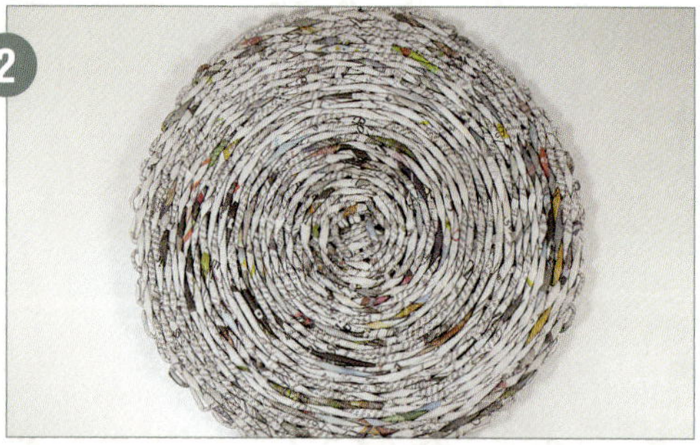

3

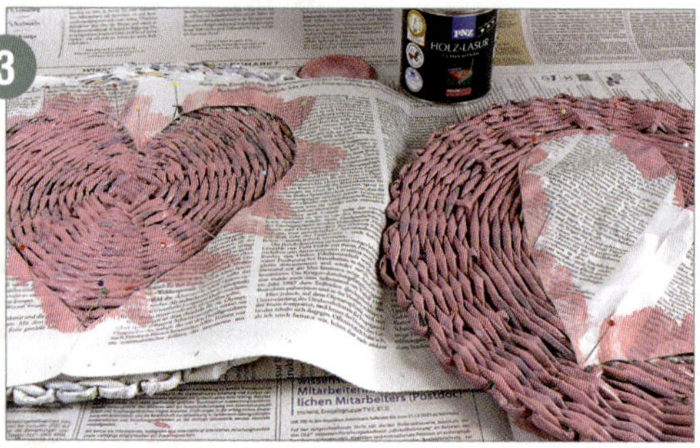

SO GEHT'S

1. Lege ein Stakenkreuz aus 4+4 Papierstangen. Bei diesem Modell ist es wichtig, dass die Papierstangen genau gleich lang sind. Fixiere das Stakenkreuz mithilfe der ersten Papierrolle, wie auf S. 23 beschrieben. Kontrolliere dann unbedingt, ob alle Staken genau gleich weit herausstehen – falls nicht, ziehe die zu kurzen Enden noch ein bisschen heraus. Nun wird weitergeflochten – fasse dabei zunächst immer zwei Staken zusammen.

2. Teile die Doppelstaken, wenn der Kreis einen Durchmesser von 8–10 cm erreicht hat. Flechte weiter rundherum.

3. Nach einigen Runden (ca. bei einem Kreisdurchmesser von 16–20 cm) werden die Abstände zwischen den Staken so groß, dass es nötig wird, weitere einzusetzen. Arbeite in jedem Stakenzwischenraum eine in der Mitte geknickte Papierstange ein (siehe S. 18 und Abb. 1) – die beiden Enden der Papierstange werden in den ersten Flechtrunden nach dem Einsetzen jeweils als Doppelstake eingeflochten. Teile sie, wenn der Kreisdurchmesser etwa 28 cm beträgt.

4. Spätestens wenn die kürzeste Stake nur noch 3–4 cm lang ist, solltest du einen einfachen Steckrand (siehe S. 26) arbeiten. Meine Sitzauflagen haben einen Durchmesser von 33 cm (Abb 2).

Mein Tipp

Eine geflochtene Fläche eignet sich nicht nur als Sitzkissen, sondern auch als Tischset, als Topfuntersetzer oder als Dekoobjekt. Warum probierst du nicht einmal eine ovale Form?

Farbliche Gestaltung

Zu diesem Durchmesser passt die Herzschablone, die du dir unter www.pirlipause.de herunterladen kannst. Schneide das Herz sauber aus. Du brauchst beide Teile der Schablone: das Papierherz, um den äußeren Bereich zu färben, und das Herzloch im Papier für das Herz selbst (siehe S. 37). Gestalte die Rückseiten einfarbig oder versehe sie ebenfalls mit Motiv. Wenn du zwei Sitzkissen herstellst, wirkt es besonders schön, wenn du bei dem einen das Herz weiß und den äußeren Bereich rosa färbst und bei dem anderen das Herz rosa und den äußeren Bereich weiß (Abb. 3).

Info

Die Oberfläche eines Sitzkissens muss ziemlich hohe Ansprüche erfüllen: Sie sollte nicht abfärben, zumindest ein wenig Feuchtigkeit vertragen und nicht zu schnell verschleißen. Daher habe ich mich für Holzlasur als Schutzanstrich entschieden. Die von mir verwendetet Holzlasur ist schweißecht und härtet innerhalb von zehn Tagen zu einer sehr widerstandsfähigen Oberfläche aus, ohne dabei ganz steif zu werden.

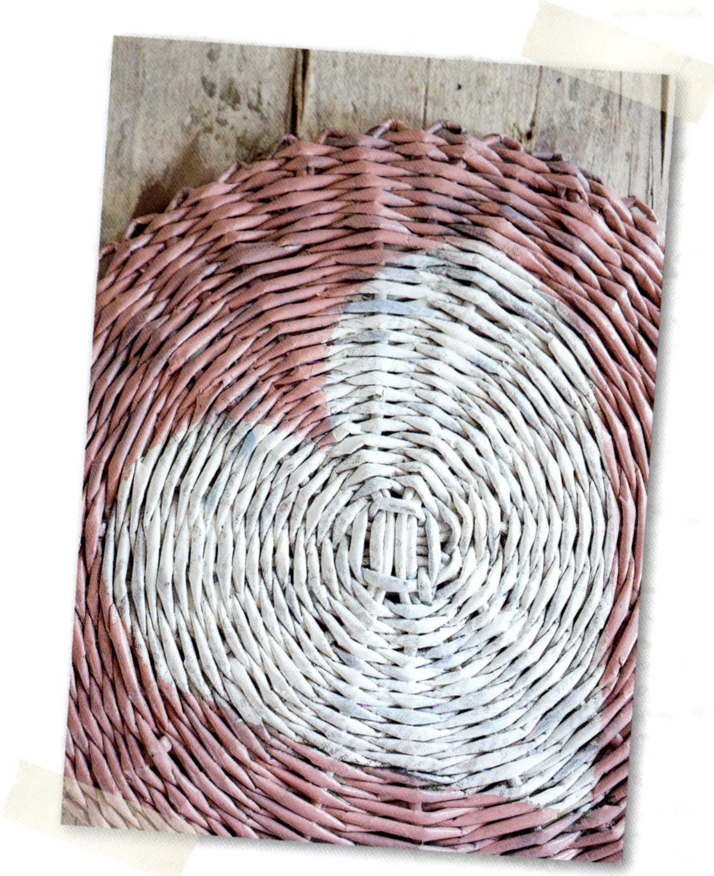

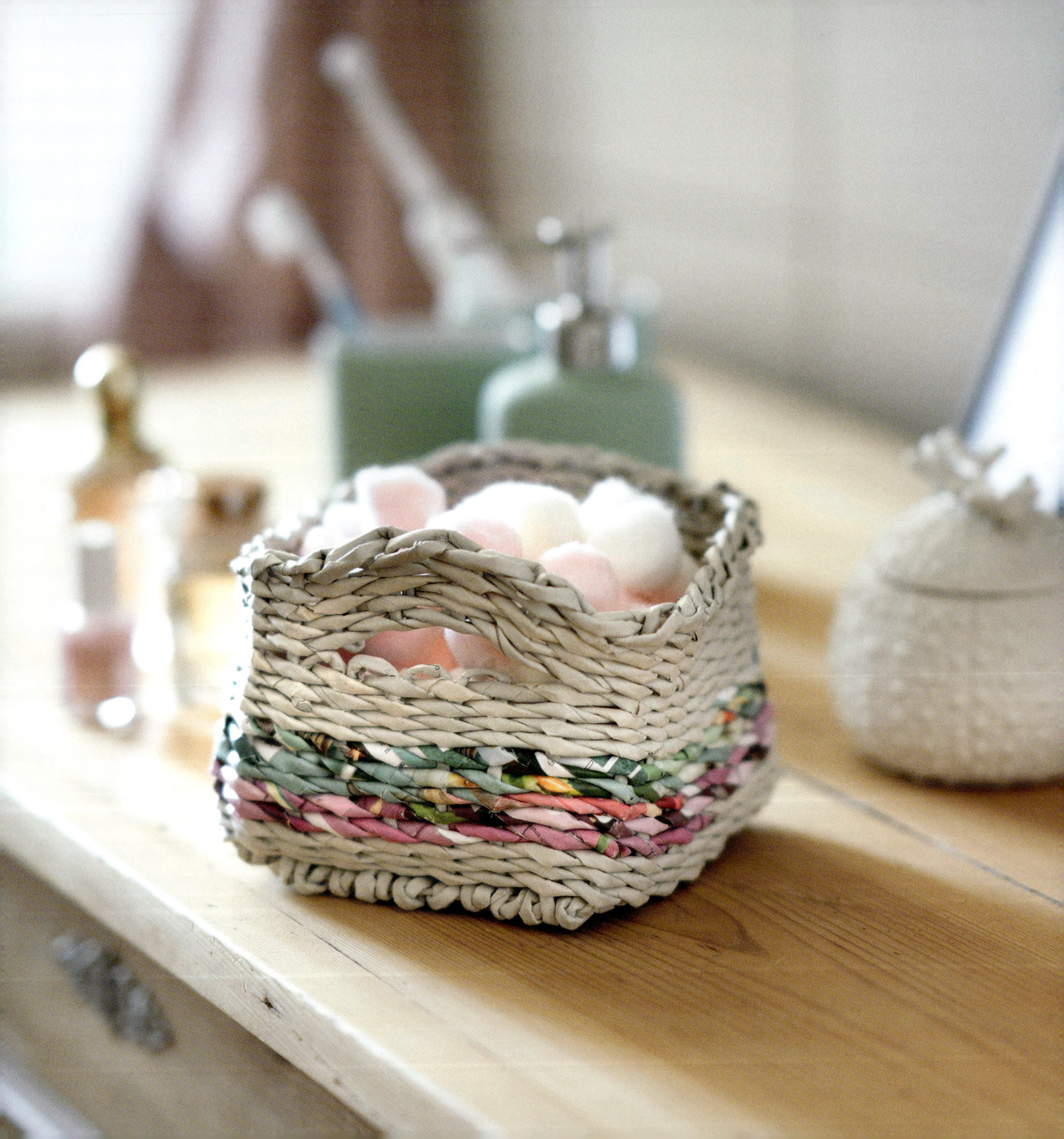

Ein Körbchen für alles

Technischer Schwierigkeitsgrad ★★ Ausdauer ★★ Farbgebung ★

Wer Körbe aus Papier flechtet, freut sich manchmal sogar über sonst eher lästige Werbezeitschriften. Schau mal, was aus einem Hochglanzprospekt mit buntem Rand geworden ist, der mir neulich ins Haus flatterte!

DU BRAUCHST

- Ca. 60 weiße Papierrollen (siehe S. 34)
- 20–22 kurze weiße Papierrollen (siehe S. 34)
- Bunte Papierrollen in schönen Farben aus Prospekten, Katalogen oder Zeitschriften (siehe S. 34)

1

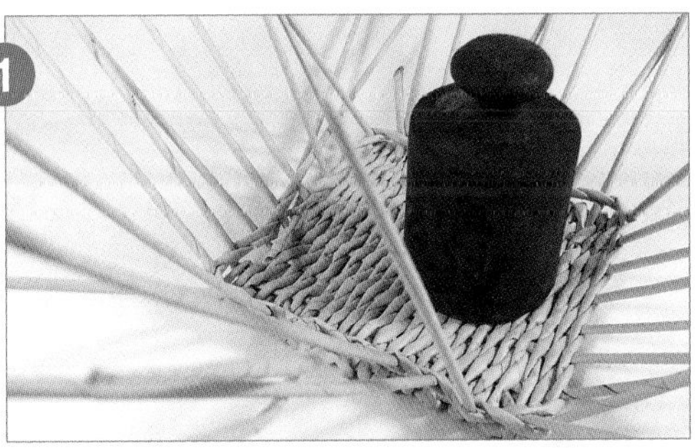

SO GEHT'S

1. Fertige einen eckigen Korbboden mit acht Staken als Grundgerüst (siehe S. 25). Umflechte die Staken so lange, bis du eine quadratische Fläche hast. Bei meinem Korb hat sie die Maße 14 cm x 14 cm.

2. Ziehe so an den herausstehenden Staken, dass sie an beiden Seiten gleich weit herausragen.

3. Setze an den beiden stakenfreien Seiten jeweils sechs bis sieben kurze weiße Staken ein und beginne, die Korbwände zu flechten (Abb. 1).

4. Nach ein paar Reihen mit weißen Fechtsträngen folgen einige bunte Reihen. Wechsle die Farbe beider Flechtstränge möglichst an der gleichen Stelle – verlängere die Flechtstränge also an derselben Position mit farbigen Papierrollen. Damit das klappt, kannst du evtl. eine etwas kürzere Stange anfertigen und einfügen.

5. Arbeite ungefähr in 7 cm Höhe zwei Henkel nach der Anleitung auf S. 32, verwende als Staken für den oberen Teil beider Henkel jeweils vier kurze Papierrollen.

6. Flechte drei weitere Reihen, bevor du das Geflecht mit einem Korbflechterrand abschließt (siehe S. 26).

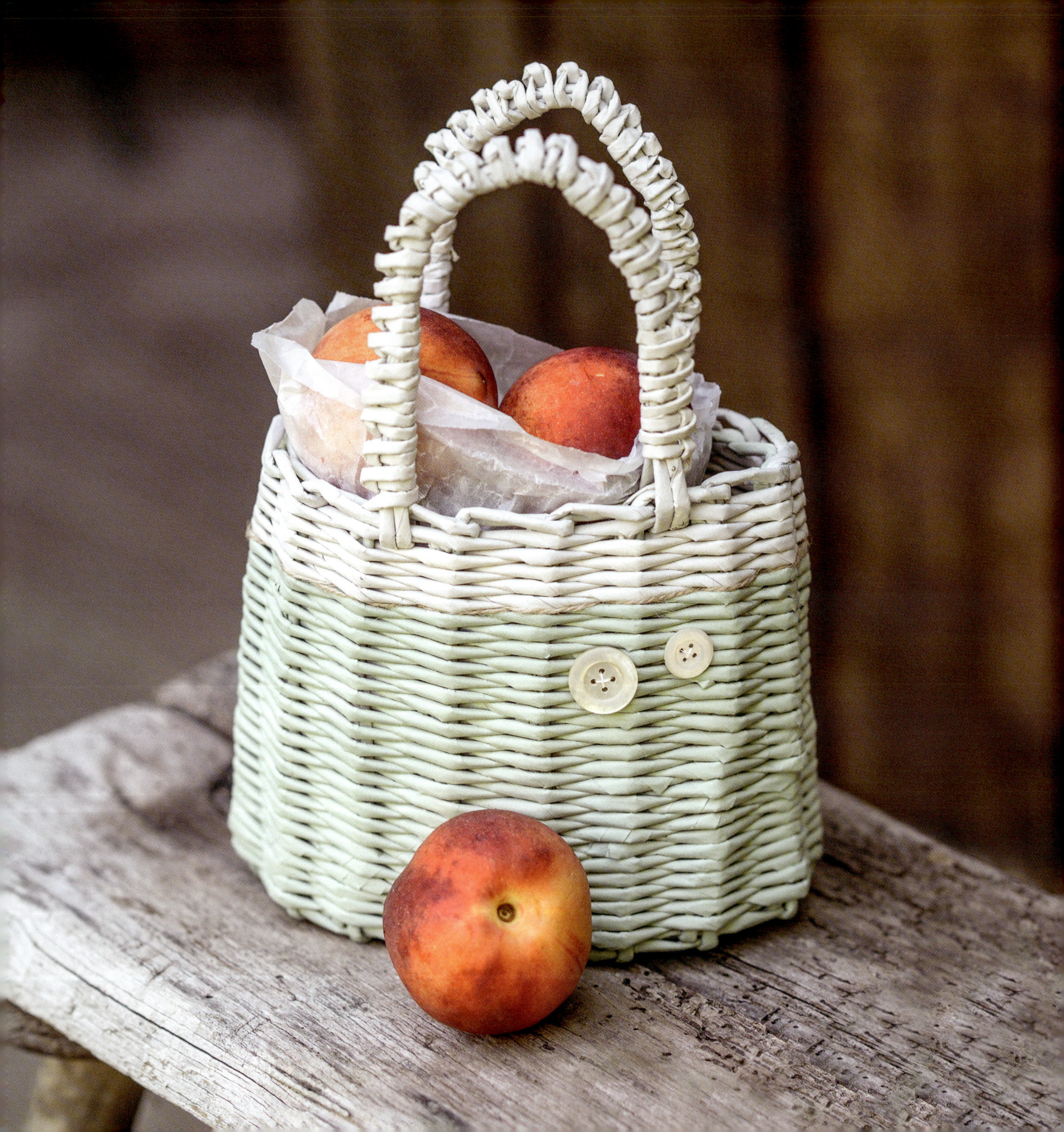

Taschen aus Zeitungspapier

Technischer Schwierigkeitsgrad ★★ Ausdauer ★★–★★★ Farbgebung ★★

Taschen sind nützliche Begleiter im Alltag.
Wenn du sie selbst herstellst, kannst du Größe und farbliche Gestaltung ganz nach deinen Vorstellungen bestimmen.

DU BRAUCHST

Für das grüne Handtäschchen

- Ca. 90 Zeitungspapierstangen, mindestens 60 davon weiß (siehe S. 34)
- Einige ganz dünne Zeitungspapierstangen in Weiß (Streifen von 7 cm Breite aufrollen) für die Henkel
- Chalky-Chic-Sprühfarbe in Mistel von Marabu
- Durchsichtiger Lack, z. B. von Marabu
- Jutekordel und dicke Nadel
- Knöpfe

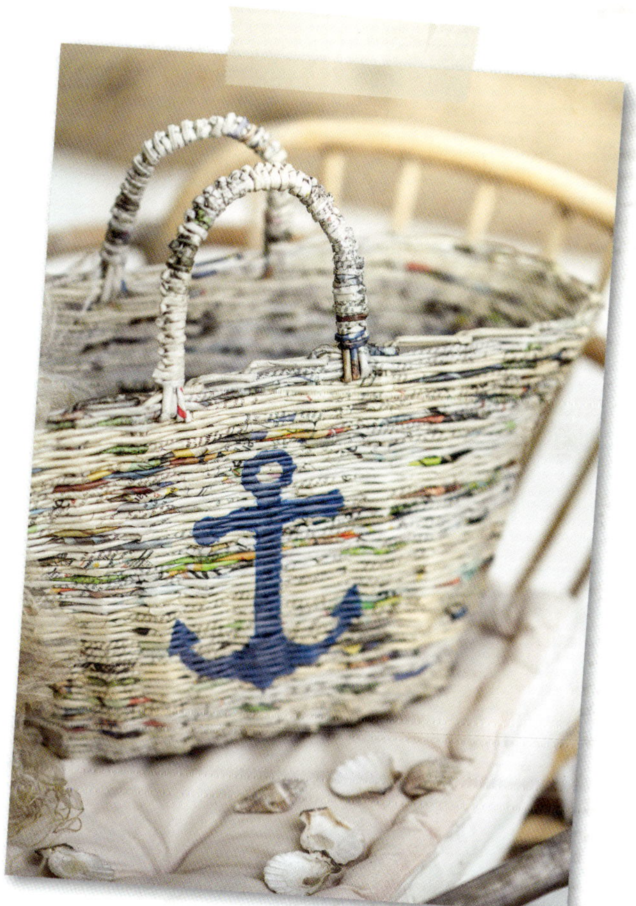

1

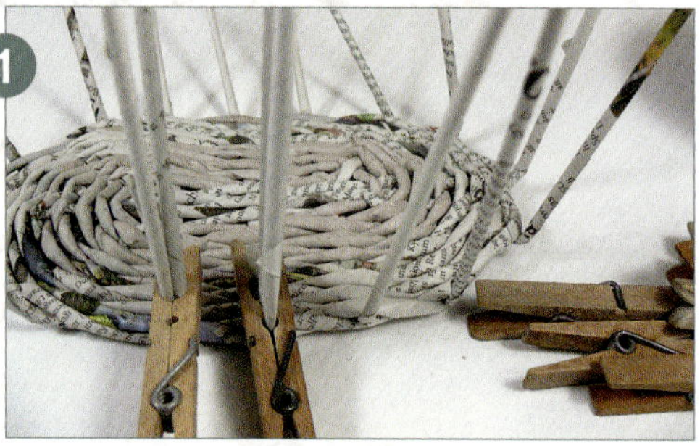

2

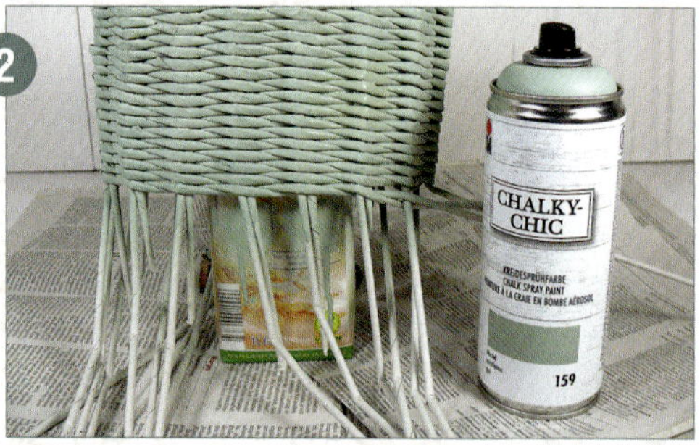

3

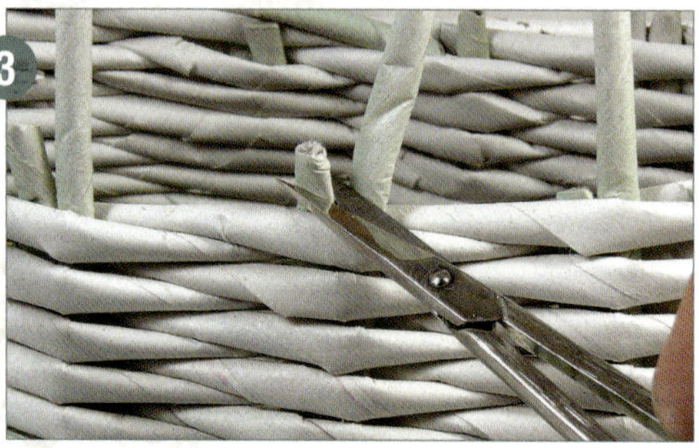

4

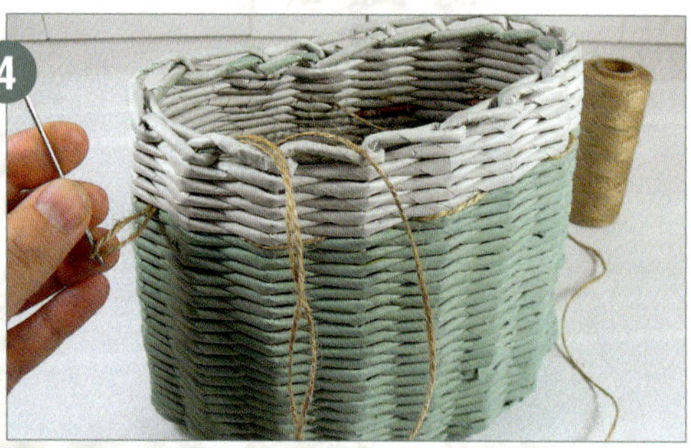

SO GEHT'S

Grünes Handtäschchen

1. Flechte einen ovalen Korbboden aus 3+4 Staken (siehe rechts), verfahre dabei wie auf S. 23 beschrieben. Verwende weiße Staken. Die Flechtstränge dürfen bedruckt sein.

2. Wenn der Korbboden die gewünschte Größe hat, dann biege die Staken senkrecht nach oben. Setze direkt neben jeder Stake eine weitere Stake ein. Flechte nun die Korbwände, fasse dabei die zwei Staken jeweils zusammen (Abb. 1).

3. Haben die Korbwände eine Höhe von 12 cm erreicht, färbe sie mit der Sprühfarbe in zwei Durchgängen grün. Achte darauf, dass die Staken dabei möglichst weiß bleiben (Abb. 2).

4. Flechte nun mit weißen Stangen weiter. Wenn deine Tasche die gewünschte Höhe hat, so schneide die kürzere Papierstange jedes Stakenpaars ab (Abb. 3). Fertige aus den restlichen Staken einen Luftmaschenrand (siehe S. 26).

5. Füge anschließend weiße umknotete Henkel gemäß der Anleitung auf S. 28 hinzu.

6. Sticke mit der Jutekordel eine schmale Trennlinie auf den Übergang zwischen Grün und Weiß (Abb. 4).

7. Wenn du magst, verziere die Tasche noch mit Knöpfen oder einer Quaste aus Juteband.

8. Schütze zum Schluss deine Tasche unbedingt vor Nässe und Abnutzung, indem du einen Lack aufträgst, besonders auf die Griffe. Sollten die Henkel später doch einmal abgenutzt aussehen, kannst du sie einfach entfernen und neue Henkel anbringen.

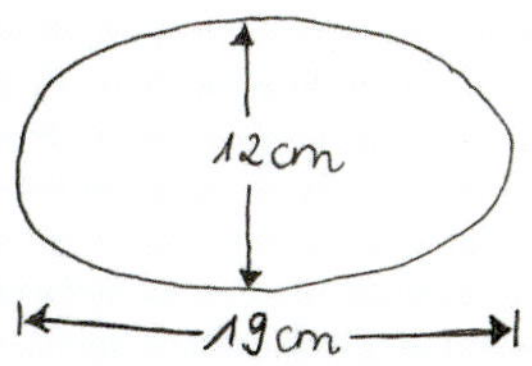
12 cm
19 cm

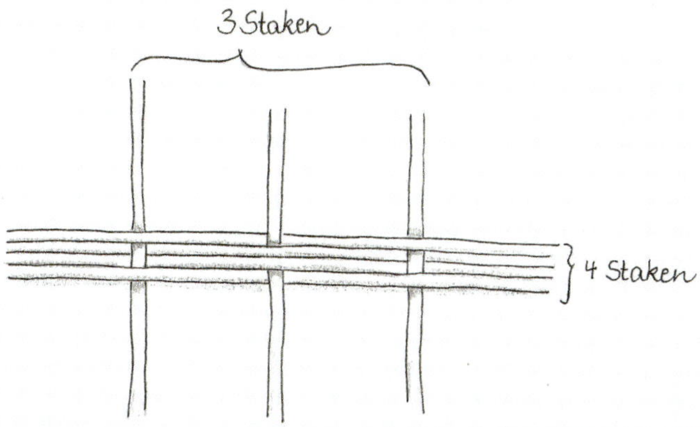
3 Staken
4 Staken

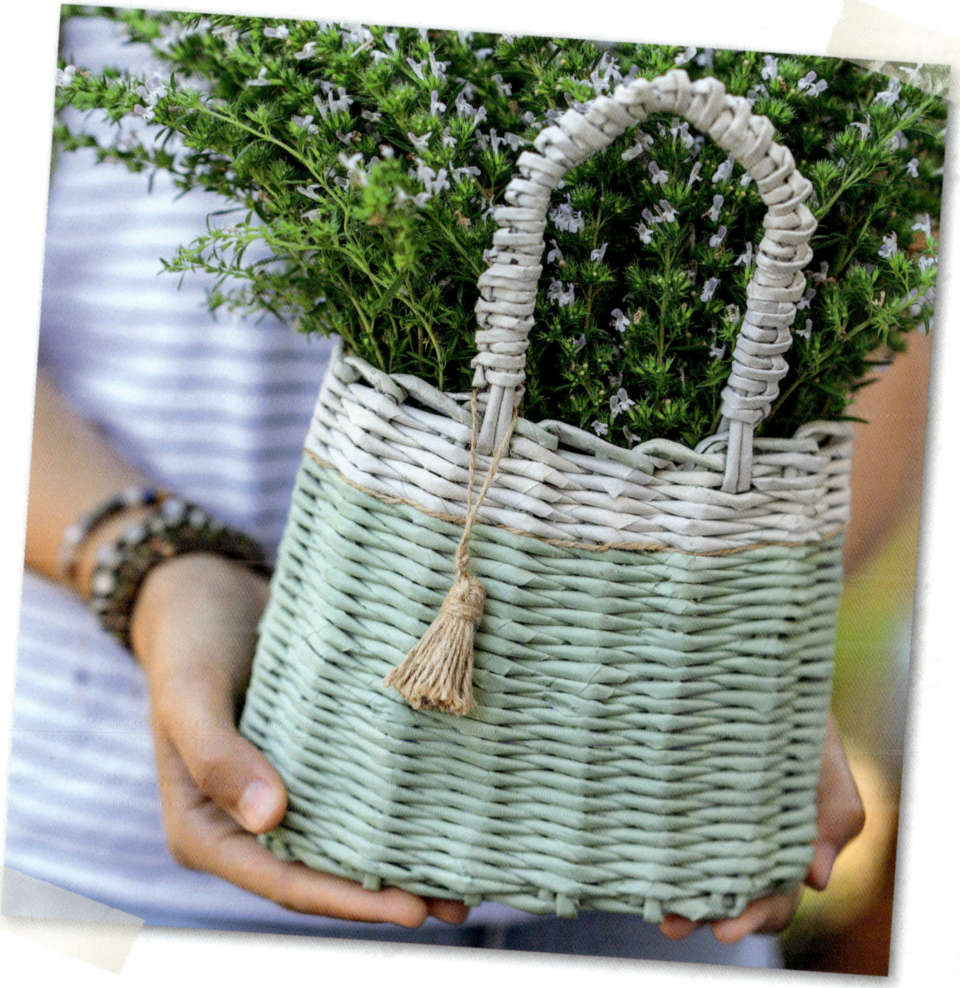

DU BRAUCHST

Für die Ankertasche

- Ca. 200 Zeitungspapierstangen
- Für das Ankermotiv: Acrylfarbe in Blau, Pinsel, Stecknadeln

1

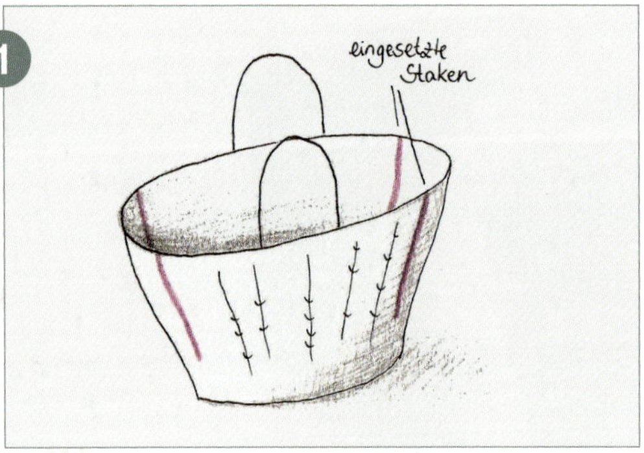

SO GEHT'S

Ankertasche

1. Flechte einen ovalen Korbboden aus 9+5 Staken, wie auf S. 23 beschrieben (siehe unten).

2. Biege die Staken senkrecht nach oben und flechte die Korbwände. Arbeite dabei immer in den Rundungen eine sich erweiternde Form heraus, d.h. nur dort flechtest du die Reihen nicht genau übereinander, sondern biegst die Staken ein wenig nach außen und setzst die Flechtreihe außen vor die vorherige Reihe. Wenn der Abstand der Staken in den Rundungen zu groß wird, dann arbeite in den Rundungen vier neue Staken ein, also zwei auf jeder Seite (Abb. 1).

3. Wenn die kürzeste Stake noch etwa 13,5 cm lang ist, arbeite einen Luftmaschenrand (siehe S. 26).

4. Lade dir für das Ankermotiv die Vorlage von der Website www.pirlipause.de herunter und schabloniere das Motiv mittig auf die Tasche, wie auf S. 37 beschrieben. Schütze sie vor Nässe und Abnutzung, indem du einen Lack aufträgst.

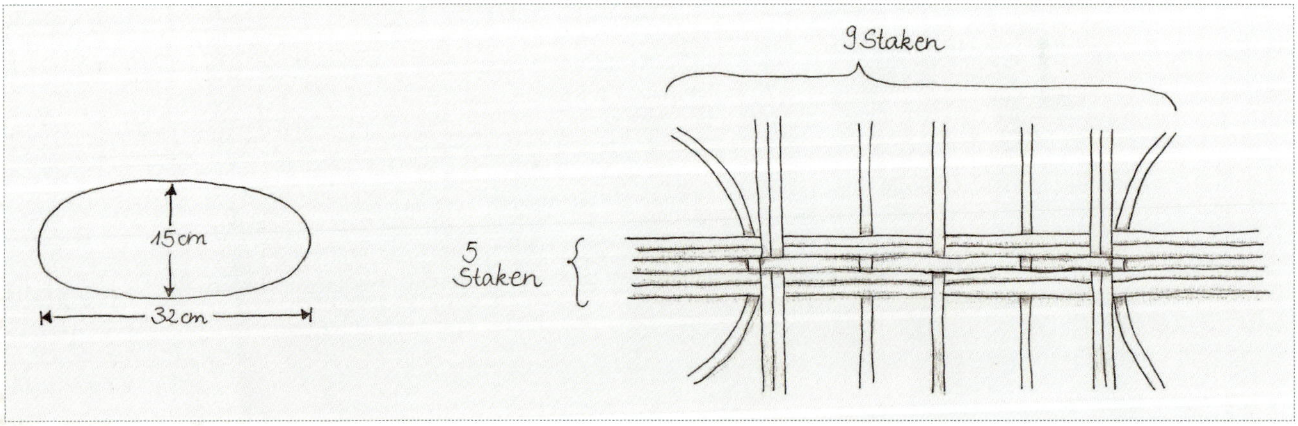

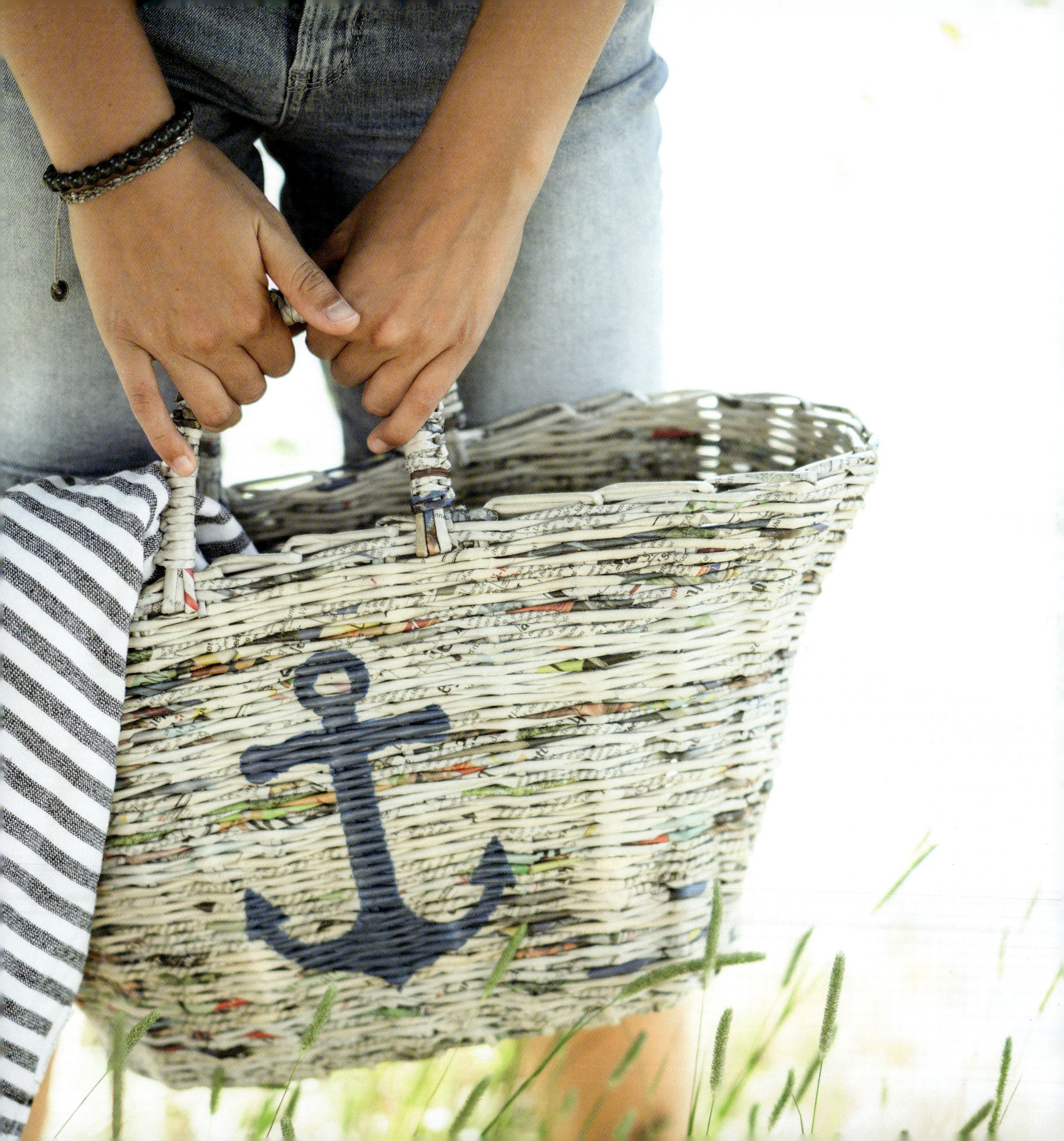

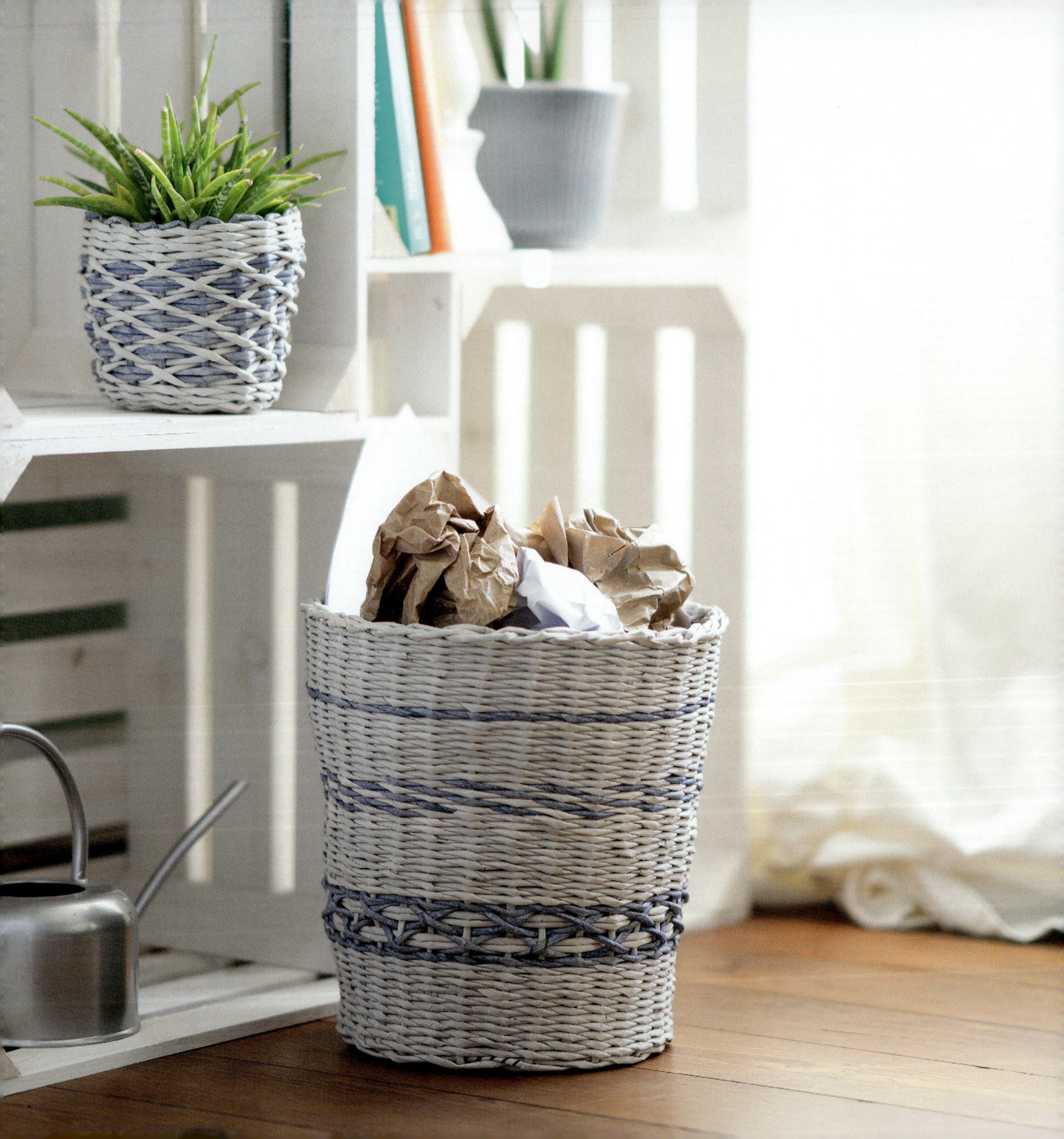

Muster – Papierkorb und Übertopf

Technischer Schwierigkeitsgrad ★★★ Ausdauer ★★★ Farbgebung ★★★

Würdest du bei diesen beiden Körben auf den ersten Blick vermuten, dass (fast) das einzige verwendete Material Zeitungspapier ist? Weiße und farbige Rollen in Kombination bieten schier unerschöpfliche Gestaltungsmöglichkeiten.

DU BRAUCHST

Für den Papierkorb

- Ca. 200–250 weiße Rollen aus Zeitungspapier
- Ca. 25 blau vorgefärbte Rollen (siehe S. 34)
- Einen Eimer oder einen Papierkorb als Schablone, Gewichte zum Beschweren der Schablone
- Etwas Blumendraht
- Eine Schere
- Klebestift
- Evtl. Wäscheklammern
- Optional: Schutzlack, z.B. von Marabu

Für den Übertopf

- Ca. 25 blau vorgefärbte Rollen (siehe S. 34)
- Ca. 30 weiße Rollen
- Ein Gefäß, das du umflechtest und das nachher auch in deinem Korb verbleiben kann (z.B. einen großen Joghurtbecher, einen alten Übertopf oder eine innen beschichtete Konservendose)

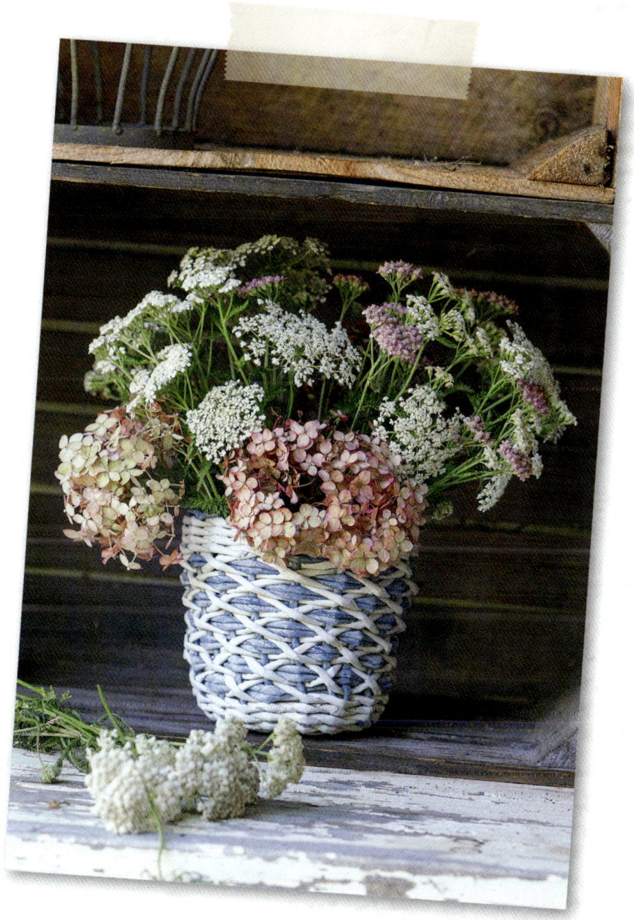

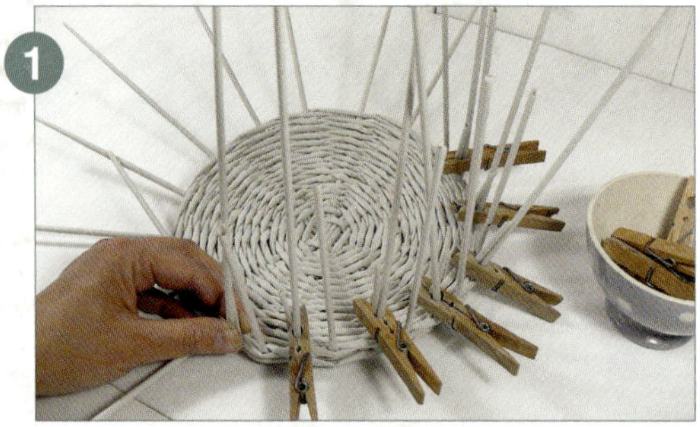

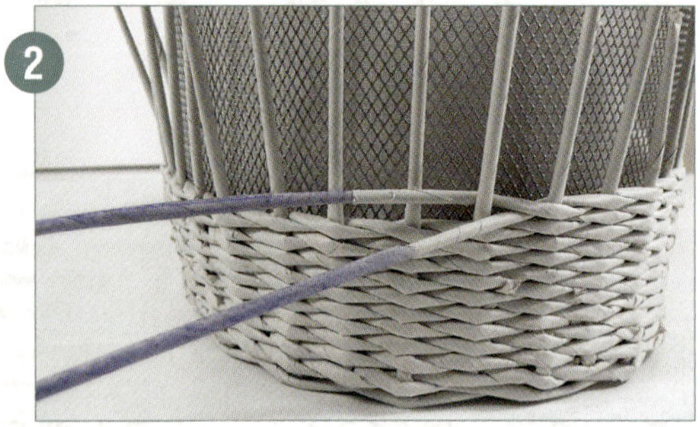

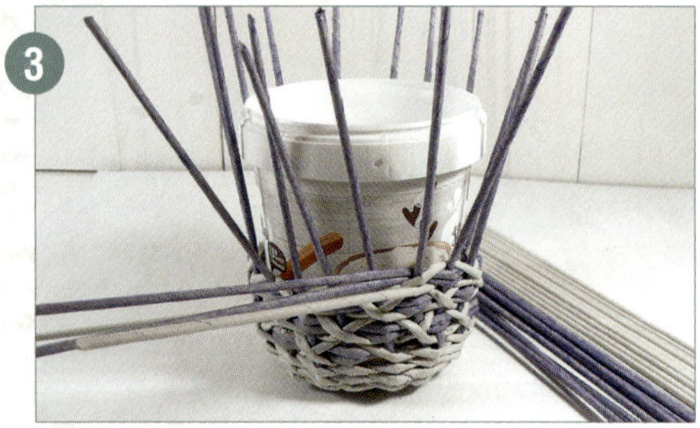

Mein Tipp

Du kannst die Muster ganz nach deinem Geschmack anordnen. Wenn dir das Überkreuzmuster zu kompliziert ist, lasse es einfach weg und arbeite dafür vielleicht mehr Streifen oder Schrägstreifen ein.

SO GEHT'S

Papierkorb

1. Flechte einen runden Korbboden aus einem Stakenkreuz aus 4+4 Papierstangen (siehe S. 23). Wenn du ein Gefäß als Schablone verwendest, dann richte dich nach dessen Maßen. Der Korbboden sollte einen etwas größeren Durchmesser als die Schablone haben.

2. Stelle das Gefäß auf den Korbboden und biege die Staken daran hoch. Nimm die Schablone noch mal heraus und flechte nun die ersten Reihen der Korbwand. Setze dabei in jeden Stakenzwischenraum eine zusätzliche neue Stake ein (Abb. 1). **ACHTUNG!** Für das Muster auf dem Korb benötigst du eine ungerade Stakenzahl, füge also im größten Stakenzwischenraum zwei Staken ein! Flechte einige Runden, damit die Staken fest eingearbeitet sind. Stelle dann das beschwerte Gefäß in den Korb und flechte eng daran entlang (siehe Tipp auf S. 19).

3. Plane das Überkreuzmuster in einer Höhe, wo die Staken des Korbbodens noch nicht verlängert werden müssen. Es ist nun wichtig, dass beide Flechtstränge ungefähr gleich lang sind (evtl. eine kürzere weiße Stange anfertigen und einfügen). Wenn die Flechtstränge das nächste Mal enden, dann verlängere die Flechtstränge mit blauen Papierstangen (Abb. 2) und flechte eine Runde. Beginne anschließend mit dem Überkreuzmuster, indem du zwei weiße Parallelstränge zwischen den blauen Überkreuzsträngen einziehst (siehe S. 17). Arbeite zwei Runden im Überkreuzmuster, lasse die weißen Stränge auslaufen und flechte zum Abschluss noch eine Runde mit blauen Stangen. Verlängere die Flechtstränge danach wieder mit weißen Papierstangen.

4. Wenn die ersten Staken zu kurz werden, dann verlängere die Staken mit Fingerspitzengefühl gemäß der Anleitung auf S. 13. Falls notwendig, befestige wacklige Staken mit Wäscheklammern bis zur nächsten Flechtreihe an ihrer Nachbarin. Arbeite mit weißen Stangen weiter, bis alle Ansatzstellen eingeflochten sind.

5. Nun kommt das Schrägstreifenmuster: Flechte einfach einige Runden mit einem blauen und einem weißen Flechtstrang. Arbeite danach wieder mit zwei weißen Flechtsträngen weiter.

6. Verlängere für den blauen Streifen die Flechtstränge an derselben Stelle mit zwei blauen Papierrollen und flechte mit ihnen eine Runde.

7. Arbeite danach einige Runden in Weiß und fertige zuletzt einen Korbflechterrand (siehe S. 26).

8. Ein Papierkorb muss in der Regel keinen großen Belastungen standhalten und könnte deshalb auch ungeschützt bleiben. Wenn du möchtest, kannst du ihn aber auch mit einem Lack schützen. Ich empfehle matten Sprühlack der Firma Marabu.

Übertopf

1. Fertige einen runden Korbboden aus einem Stakenkreuz aus 4+4 Papierstangen (siehe S. 23), die du mit weißen Papierrollen umflechtest. Wenn der Boden etwas größer als die Schablone ist, dann biege die Staken an dem Gefäß hoch und arbeite noch zwei bis drei Reihen mit weißen Staken weiter. Spätestens jetzt solltest du das Gefäß in den Korb stellen und beschweren.

2. Arbeite nun einige Reihen mit blauen Parallelsträngen im Überkreuzmuster (siehe S. 17 und Abb. 3).

3. Füge zum Schluss noch einige schlichte weiße Reihen an, damit das Überkreuzmuster einen schönen Rahmen erhält.

4. Schließe das Geflecht mit einem einfachen Steckrand ab (siehe S. 26).

Mein Tipp

Beim Übertopf entscheidet die Größe deines Innengefäßes darüber, ob du die Staken evtl. noch verlängern musst und wie viel Stakenlänge für den Randabschluss übrig bleibt. Hast du noch ausreichend Material für einen Korbflechterrand, solltest du diesen besonders dekorativen Abschluss wählen.

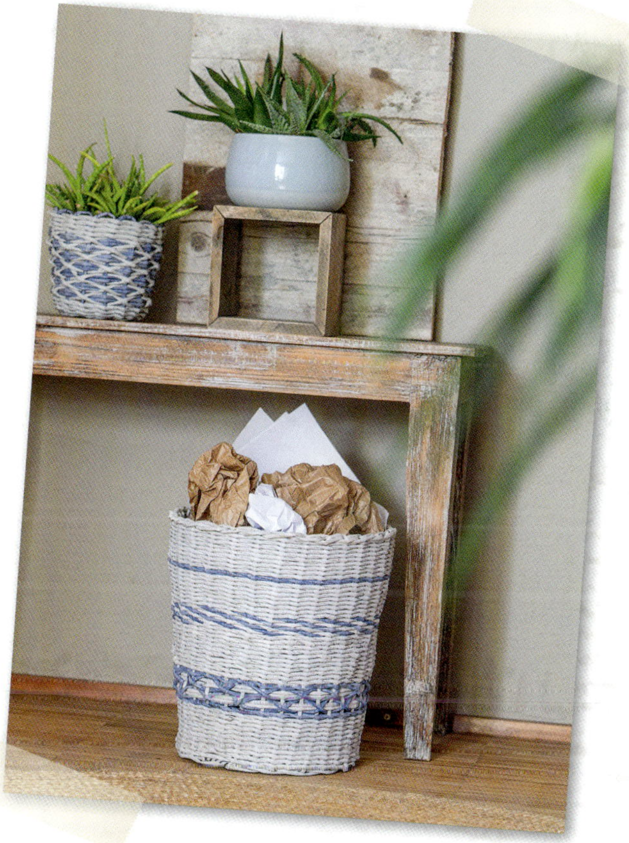

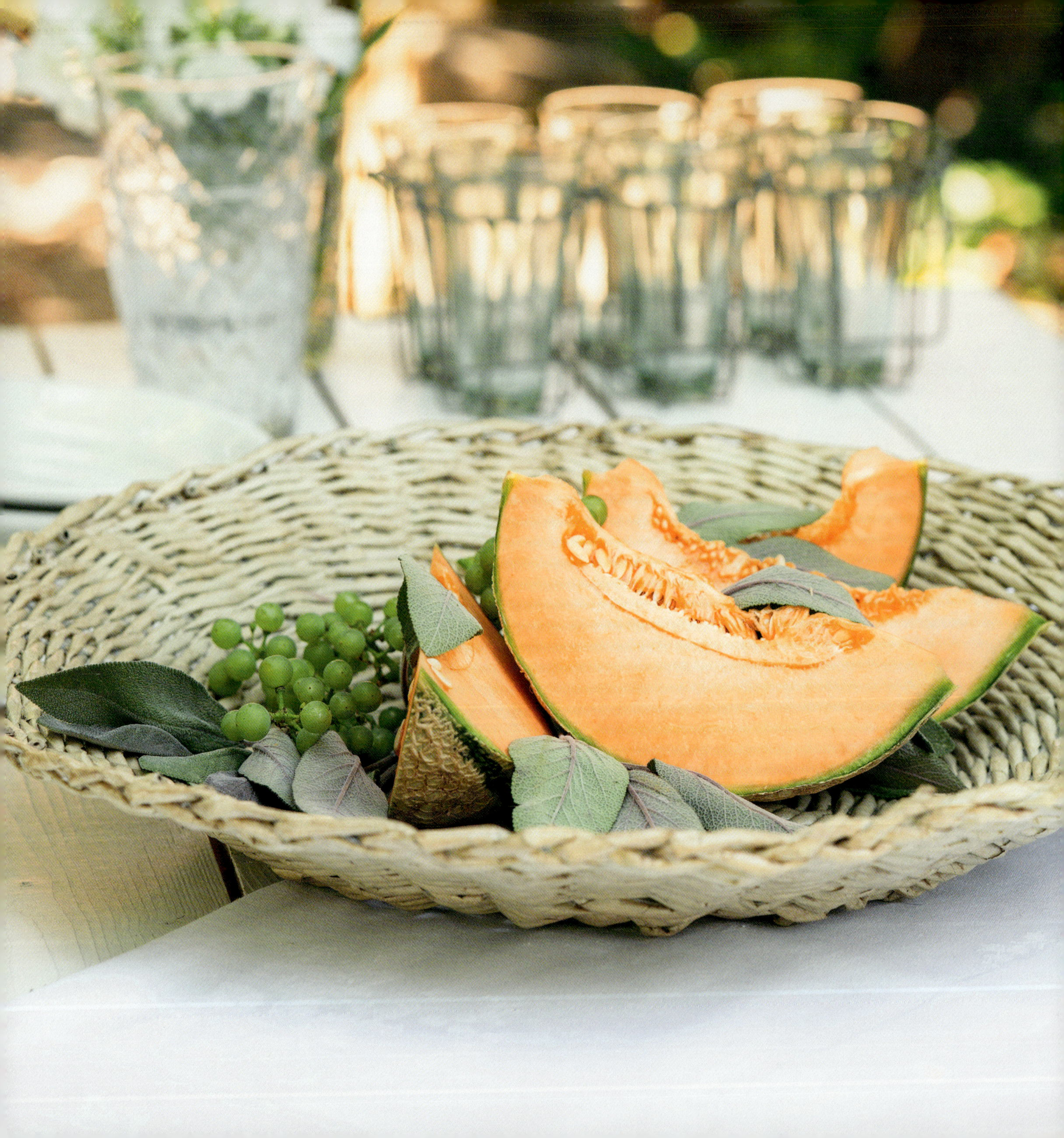

Vitaminquelle – ein Obstkorb

Technischer Schwierigkeitsgrad ★★★ Ausdauer ★★★ Farbgebung ★★

Für dieses Projekt brauchst du Platz, Ausdauer und schon ein wenig Erfahrung mit dem Korbflechten. Das Anspruchsvollste dabei ist es vielleicht, eine schöne Form zu erzielen.

DU BRAUCHST

- Ca. 150 weiße Stangen aus Zeitungspapier, 8 kurze weiße Stangen (siehe S. 34)
- Blumendraht
- PNZ Holzlasur „Buche" (kinderspielzeuggeeignet), einen weichen Pinsel
- Eventuell: eine Schüssel als Schablone, schwere Gegenstände als Gewicht

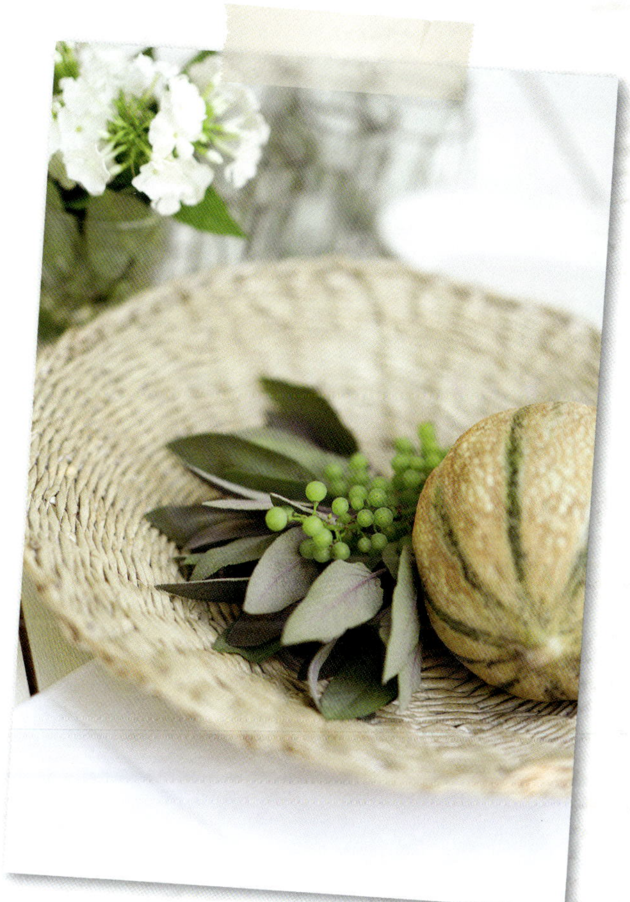

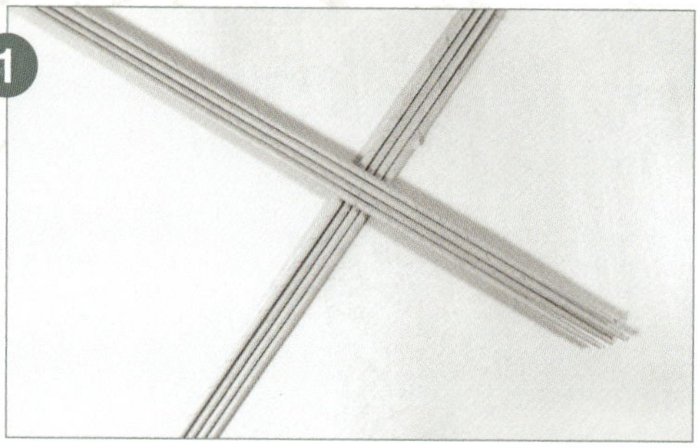

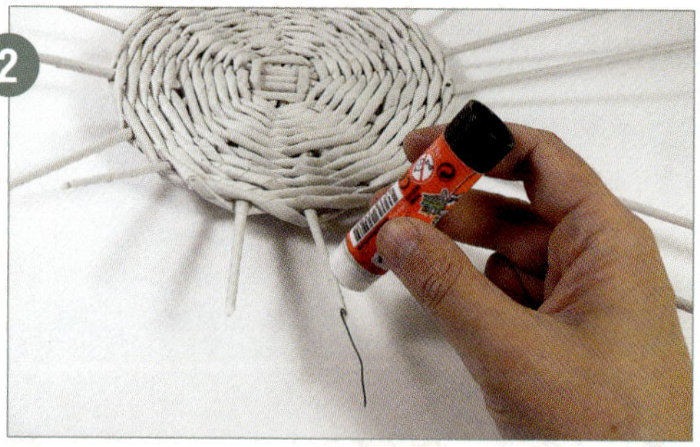

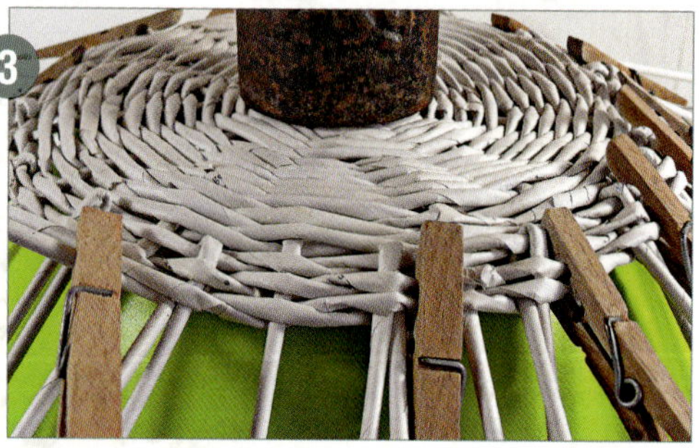

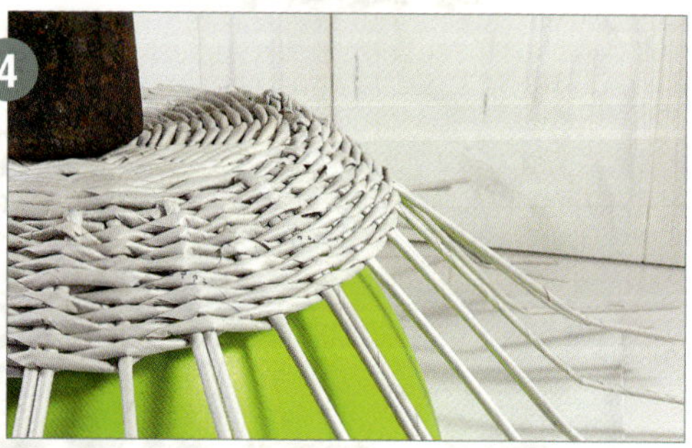

SO GEHT'S

1. Der Durchmesser des Korbes soll groß werden – dafür musst du die Staken verlängern. Stecke locker auf jede der acht weißen Papierrollen eine kurze weiße Rolle. Lege mit diesen langen Stangen ein Stakenkreuz (Mitte ausmessen!) und entferne die kurzen Stangen vorübergehend wieder (Abb. 1) – das erleichtert das Flechten am Anfang. Fertige dann den runden Korbboden (siehe S. 23). Richte dich bei der Größe nach deiner Schablone, bei mir hat er einen Durchmesser von 20 cm.

2. Wenn die Staken des anfänglichen Stakenkreuzes zu kurz werden, dann verlängere sie mit den kurzen Stangen. Verwende dabei unbedingt jeweils ein kurzes Stück Draht (siehe S. 13 und Abb. 2)!

3. Für das Flechten der Korbwände hast du zwei Möglichkeiten: Entweder knickst du die Staken nach oben und flechtest ohne Schablone eine sich nach oben erweiternde Form. Diese Variante ist zu empfehlen, wenn dein Korb steilere Korbwände bekommen soll. Achte unbedingt darauf, dass die Korbwand nicht zu rasch steiler wird!
Alternativ kannst du den Korbboden auf eine umgedrehte Schüssel oder einen Eimer legen, ihn von oben beschweren, die Staken nach unten biegen und die Korbwände von oben nach unten flechten (Abb. 3–4). So entsteht leicht eine sehr offene, weite Schalenform.

4. Setze ab einem Durchmesser von ca. 20 cm in jedem Stakenzwischenraum eine mittig geknickte Papierrolle ein (siehe S. 18). Umflechte die neu eingesetzten Stakenpaare anfangs gemeinsam. Wenn der Durchmesser des Korbes sich noch mehr erweitert hat (etwa nach 6 cm), dann teile die Stakenpaare und umflechte sie im Folgenden einzeln.

5. Arbeite als Abschluss einen Korbflechterrand (Abb. 5). Durch die hohe Stakenzahl wird er sehr schön dicht.

6. Färbe und schütze den Korb zum Schluss mit einer kinderspielzeuggeeigneten Holzlasur deiner Wahl (Abb. 6). Achte sorgfältig darauf, dass die Lasur in alle Ritzen dringt.

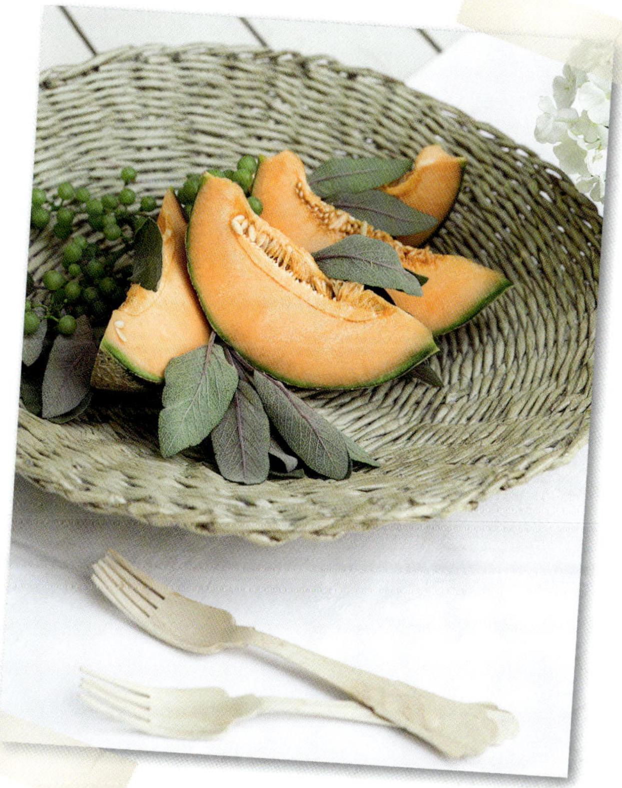

Mein Tipp

Auch wenn du den Obstkorb farblich anders gestalten möchtest (Muster einarbeiten, Zeitungspapier sichtbar bleiben lassen etc.), solltest du zum Schluss eine durchsichtige, kinderspielzeuggeeignete Holzlasur auftragen – auf diese Weise ist er für den Kontakt mit Obst geeignet.

5

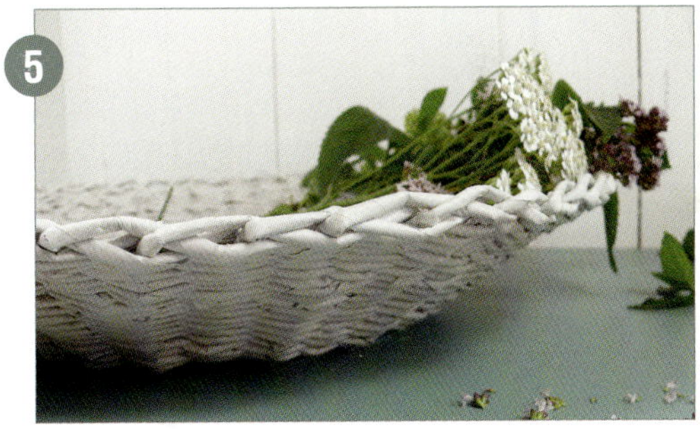

6

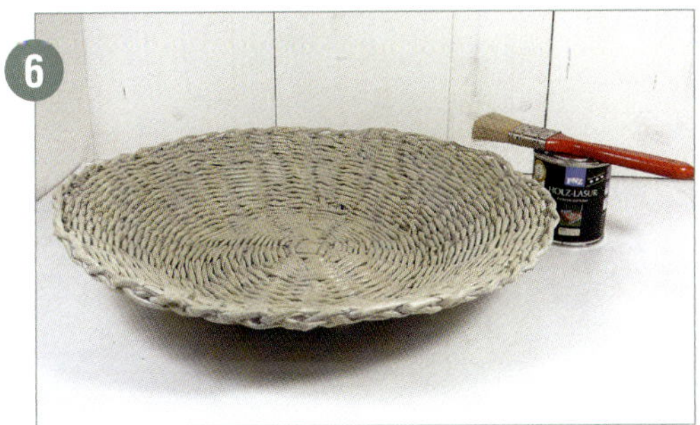

Über die Autorin

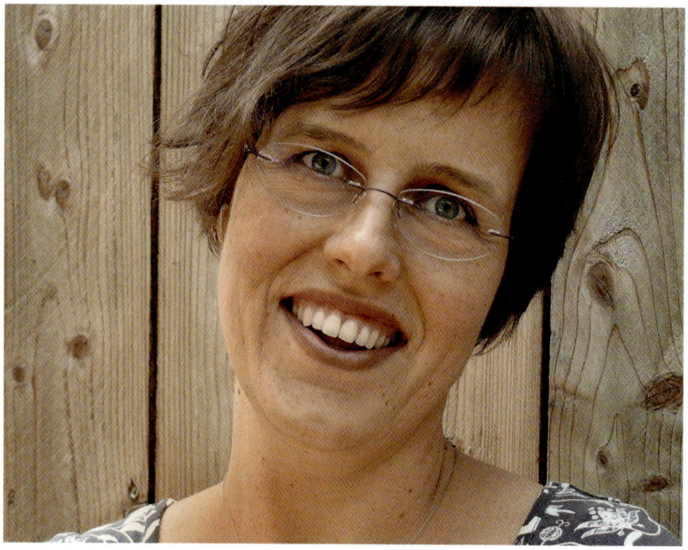

Ich bin 1977 geboren und lebe mit meinem Mann, meinen drei Kindern sowie ein paar Hühnern und Schafen in Ostwestfalen-Lippe am Teutoburger Wald. Ob ich unser Haus und den Garten gestalte, ob ich musiziere, kreative Texte verfasse, male, bastle, zeichne oder nähe – immer erlebe ich es als ganz besondere Freude, etwas Schönes unter meinen Händen entstehen zu lassen.

Besonders glücklich macht es mich, alten, scheinbar wertlosen Dingen neues Leben einzuhauchen und ihnen eine zweite Chance zu geben.

Auf meiner Homepage www.pirlipause.de könnt ihr mich besuchen. Ich freue mich darauf, von euren Flechtprojekten zu hören (oder sie sogar zu sehen)!

Dank

Frau Blum von der Buchhandlung Wedegärtner in Steinheim: Ohne Sie und Ihre Begeisterung für meinen ersten schiefen und hässlichen Korb wäre mein Buch wahrscheinlich nie zustande gekommen!

Sven Beckmann von Ringfoto Beckmann Schieder: Vielen Dank für Ihren passgenau auf meine Bedürfnisse abgestimmten Fotoworkshop!

Martina Unterfrauner, meine Projektleiterin beim Christophorus Verlag: Du hast mein Projekt vom ersten Moment an mit Leidenschaft unterstützt, Martina. Danke! Es war sehr inspirierend, mit dir zusammenzuarbeiten!

Anne Schulz, Fotografin: Danke für die wundervollen Bilder, die genau die richtige Stimmung transportieren!

Anne Köhler, Lektorin: Es hat so viel Freude gemacht, mit dir an meinem Buchprojekt zu feilen. (Und wie schön wäre es, wenn wir mal zusammen Klavier spielen könnten!)

Mein Mann Joachim und **meine drei Kinder**: Eure Liebe und unser gemeinsames Leben sind die Grundlage, auf der meine Ideen wachsen und auf der dieses Buch gedeihen konnte. Jo, dir ein ganz besonderer Dank für die Freiräume, die du mir immer wieder zum Arbeiten geschaffen hast, und deine praktische Unterstützung!

Impressum

Autorin: Dorothea Katharina Schmidt
Fotografie: Anne Schulz
Step-Fotos: Dorothea Katharina Schmidt
Redaktion: Martina Unterfrauner
Produktmanagement und Lektorat: Anne Köhler
Layout: Elke Mader
Umschlaggestaltung: Nina Andritzky
Repro: LUDWIG:media
Herstellung: Stephanie Schlemmer
Printed in Slovenia by Florjancic

★★★★★

Sind Sie mit diesem Titel zufrieden? Dann würden wir uns über Ihre Weiterempfehlung freuen. Erzählen Sie es im Freundeskreis, berichten Sie Ihrem Buchhändler oder bewerten Sie beim Onlinekauf. Und wenn Sie Kritik, Korrekturen oder Aktualisierungen haben, freuen wir uns über Ihre Nachricht an Christophorus Verlag, Postfach 40 02 09, D-80702 München oder per E-Mail an lektorat@verlagshaus.de.

Unser komplettes Programm finden Sie unter
www.christophorus-verlag.de

In diesem Buch wird aus Gründen der besseren Lesbarkeit das generische Maskulinum verwendet. Weibliche und anderweitige Geschlechteridentitäten werden dabei ausdrücklich mitgemeint, soweit es für die Aussage erforderlich ist.

Bezugsadessen
Chalky-Chic-Kreidefarbe (Sprühfarbe und Farbe zum Streichen), Gessopinsel (ein weicher Synthetikborstenpinsel), Schutzlacke auf Wasserbasis und auf Lösungsmittelbasis:
- Marabu GmbH & Co. KG, www.marabu.de/kreativ

Holzlasuren in Holzfarbtönen, aber auch in bunten Farben (deckend und lasierend) und durchsichtig:
- PNZ – Die Holzpflege Manufaktur, www.pnz.de, www.timberlove.blog

Die Deutsche Nationalbibliothek verzeichnet diese Publikation in der Deutschen Nationalbibliografie; detaillierte bibliografische Daten sind im Internet über http://dnb.d-nb.de abrufbar.

2. Auflage 2022

Infanteriestraße 11a
80797 München

ISBN 978-3-8388-3778-9

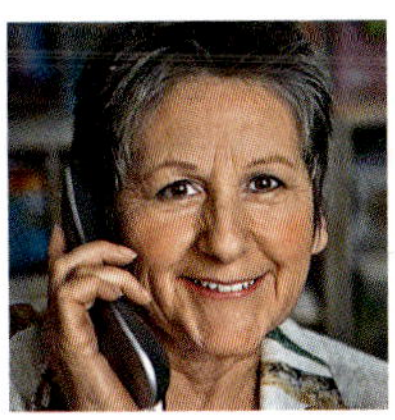

Kreativ-Service

Sie haben Fragen zu den Büchern und Materialien? Frau Erika Noll ist für Sie da und berät Sie rund um alle Kreativthemen. Rufen Sie an! Wir interessieren uns auch für Ihre eigenen Ideen und Anregungen.

Sie erreichen Frau Noll per E-Mail: **mail@kreativ-service.info** oder Tel.: **+49 (0) 5052 / 91 18 58**

Besuchen Sie uns im Internet: www.christophorus-verlag.de

Ebenfalls erhältlich ...

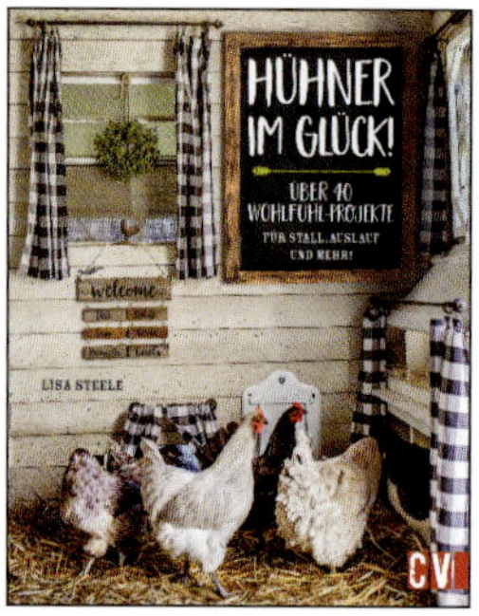

ISBN 978-3-8388-3777-2

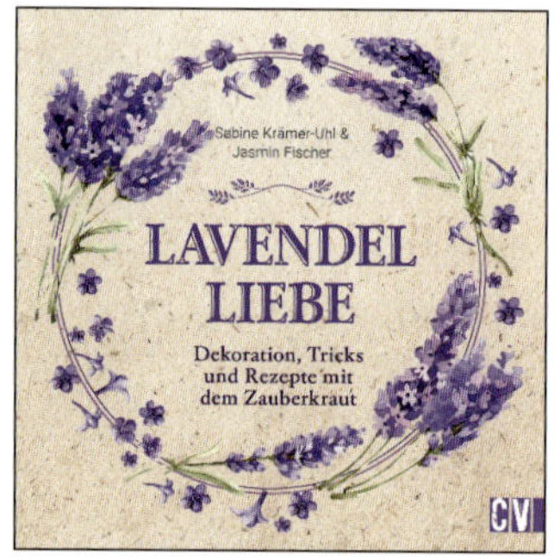

ISBN 978-3-8388-3780-2

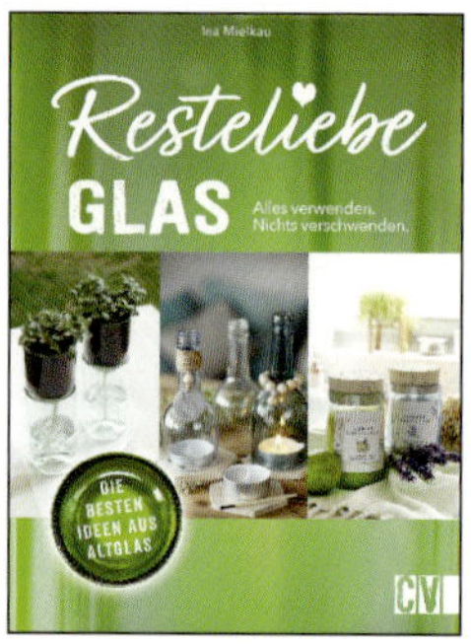

ISBN 978-3-8388-3785-7

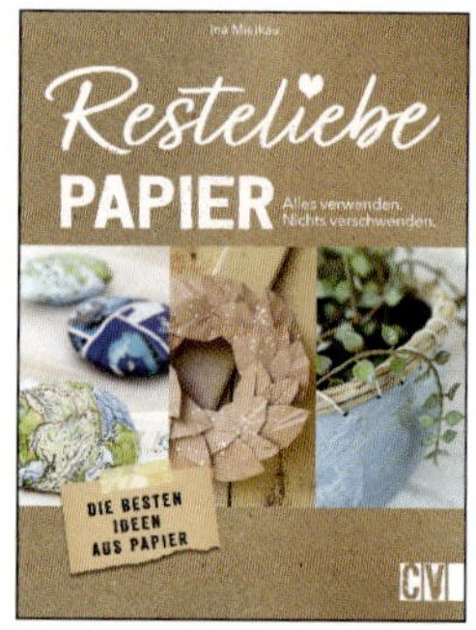

ISBN 978-3-8388-3786-4

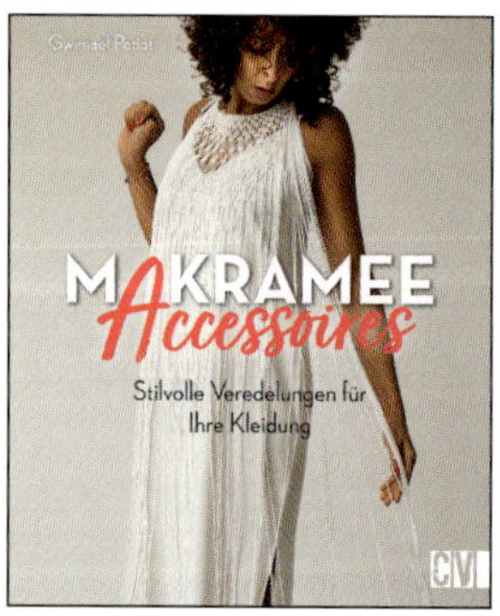

ISBN 978-3-8410-6626-8

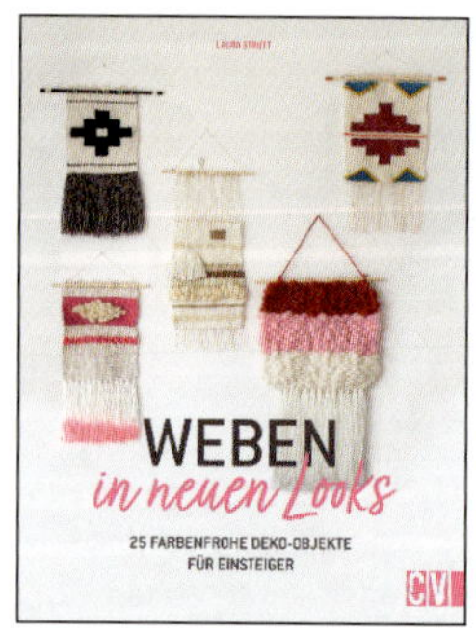

ISBN 978-3-8410-6645-9

CV

www.christophorus-verlag.de